En busca del ahorro seguro y rentable

La seguridad no es rentable
pero la rentabilidad puede ser segura

Guía para el ahorrador conservador

Monografías Invesgrama n°3

Monografías Invesgrama

N°1 Todo sobre los dividendos: conceptos, ventajas, estrategias y resultados
N°2 Mercados bajistas: cómo detectarlos, cuándo vender y cuándo comprar
N°3 En busca del ahorro seguro y rentable: guía para el inversor conservador

© Carlos Torres Blánquez, 2018.
www.invesgrama.com
Twitter: @invesgrama

Índice

Primera parte: Las claves de la autogestión conservadora..........................7

1. Ahorrar ya no es lo que era: es mejor..9
   1.1. Adiós al producto único...9
   1.2. Ya nadie necesita un gestor de patrimonios........................10
   1.3. Menos inflación es más rentabilidad....................................11

2. El modo más eficaz de reducir el riesgo..13
   2.1. La combinación de activos...13
   2.2. La calidad, más importante que la seguridad......................14
   2.3. La transparencia..15

3. Cómo la seguridad y la rentabilidad se refuerzan mutuamente......16
   3.1. Tener activos poco rentables puede ser muy rentable.........16
   3.2. Mantener el equilibrio..17
   3.3. Activos combinados, mejores que por separado.................18

4. Lo que pierdes cuando dejas que otro gestione tu capital...............19
   4.1. Lo que pierdes por tener un fondo de pensiones.................19
   4.2. Lo que pierdes por tener un fondo de inversión..................20
   4.3. Cómo entender las verdaderas comisiones de los fondos...21
   4.4. Las comisiones como predictor de la rentabilidad futura....22
   4.5. Lo que pierdes por dar un mandato de gestión....................25
   4.6. La alternativa..26

5. ¿Son rentables los fondos de inversión?..27

6. Dónde invertir...29
   6.1. La diferencia entre ahorrar e invertir 29
   6.2. Los activos reales...29
   6.3. Los activos financieros...30
   6.4. Solo hay un producto y un activo libres de riesgo..............32
   6.5. La escala del riesgo...34
   6.6. ¿Vale la pena invertir en renta fija?......................................34
   6.7. ¿Vale la pena invertir en bolsa?..35

7. La forma más práctica de invertir 36
   7.1. Los fondos indexados...36
   7.2. La normativa UCITS..36
   7.3. Las ventajas de los fondos indexados..................................37
   7.4. Dónde comprar fondos indexados..39

Segunda parte: El mapa del ahorro..41

1. Depósitos y activos monetarios: la liquidez...43
   1.1. El dinero y sus equivalentes..43
   1.2. El riesgo de mercado de los activos monetarios....................................44
   1.3. El valor estratégico del dinero...46
   1.4. El rendimiento del dinero en España..46

2. Divisas...48
   2.1. Invertir en divisas..48
   2.2. El dólar...49
   2.3. El franco suizo...52

3. Bonos: los verdaderos productos garantizados..55
   3.1. Un activo garantizado..55
   3,2. Qué es eso de "invertir en deuda"...55
   3.3. Clases de "activos con rentabilidad garantizada".................................57
   3.4. Cómo comprar títulos de deuda del Estado...57
   3.5. Rentabilidad de la deuda pública en España, 1978-2017......................60
   3.6. Hasta qué punto es segura la deuda pública..63
   3.7. Los ratings de solvencia..64
   3.8. Deuda de gobiernos locales...64
   3.9. Bonos emitidos por empresas..65
   3.10. La deuda corporativa de mayor calidad..66
   3.11. La deuda de alto rendimiento..67
   3.12. Dónde comprar renta fija privada..68
   3.13. Cómo elegir un fondo de renta fija..70

4. Acciones: la rentabilidad..75
   4.1. Los últimos de la fila 75
   4.2. Rentabilidad de la bolsa española, 1978-2017......................................76
   4.3. Cómo ganar más que el 75% de los fondos de inversión......................78
   4.4. Los fondos indexados..80
   4.5. Los fondos indexados cotizados..81
   4.6. Rentabilidad de la bolsa estadounidense, 1978-2017...........................83
   4.7. Cómo invertir en bolsa estadounidense...84
   4.8. Rentabilidad de la bolsa alemana, 1978-2017.......................................86
   4.9. Cómo invertir en bolsa alemana..87
   4.10 Diversificar en bolsas extranjeras...88
   4.11. Riesgos de los fondos en renta variable..90

5. Oro: el equilibrio..91
   5.1. El oro no da brillo pero sí equilibrio.......................................91
   5.2. El oro como activo refugio...91
   5.3. Rentabilidad del oro en 1978-2017...94
   5.4. Las mejores épocas para tener oro..96
   5.5. ¿Está el oro sobrevalorado?...97
   5.6. Cómo comprar oro...99
   5.7. Garantía legal de los fondos cotizados en oro......................101

Tercera parte: Así se crea el ahorro seguro y rentable 103

1. Combinaciones con mejor relación rentabilidad-riesgo............105
   1.1. Menos riesgo y más rentabilidad: es posible........................105
   1.2. Bolsa y oro 106
   1.3. Bolsa y activos monetarios..108
   1.4. Bolsa y obligaciones a 10 años..109
   1.5. Bolsa y francos suizos...110
   1.6. Ganar el 90% de los años y no perder nunca más del 8%...................111

2. Resumen y conclusiones...112

Sobre el autor 119

Primera parte:

Las claves de la autogestión conservadora

1. Ahorrar ya no es lo que era: es mejor

1.1. Adiós al producto único

Es cierto que hace años (bastantes) era posible obtener en el banco un rendimiento aceptable por el ahorro sin riesgo con un único producto: una cuenta de ahorro, un depósito bancario o Letras del Tesoro Público.

Al igual que ya no podemos aspirar a un trabajo para toda la vida, tampoco podemos confiar en un único activo para rentabilizar nuestros ahorros. Necesariamente tenemos que combinar varios activos con tal fin. La situación actual es más incierta y requiere una mayor planificación, pero esta redunda en nuestro propio beneficio.

A primera vista puede parecer que la planificación del ahorro es complicada debido a la gran multitud de alternativas que existen. Sin embargo, solo hay unos pocos productos y activos en los que un inversor conservador debería invertir, de modo que en realidad, por suerte o por desgracia, las opciones son bastante limitadas: depósitos, títulos de deuda pública, títulos de deuda corporativa, divisas de países con baja inflación, acciones y oro. Pero son suficientes para realizar un buen número de combinaciones interesantes para la gran mayoría de perfiles de riesgo. Por otro lado, veremos que la planificación financiera se ha vuelto muy asequible.

Cuando el ahorro sin riesgo era relativamente rentable, las personas se acostumbraron a la idea del "producto único", es decir, un producto financiero en el que colocar la totalidad de los ahorros, con frecuencia los de toda una vida. Empezó siendo la libreta de ahorros y luego los depósitos bancarios a plazo fijo.

Pero desde que esos productos empezaron a dar rendimientos irrisorios, los ahorradores conservadores han tenido tendencia a fiarlo todo a una única alternativa, que en muchos casos ha resultado ser un fraude, a pesar de su "buena apariencia": sellos de Foro Filatélico y Afinsa, pagarés de Rumasa, participaciones preferentes de bancos en dificultades, productos estructurados y otros muchos productos financieros o pseudofinancieros que están diseñados para satisfacer todas nuestras expectativas a nivel psicológico pero no para favorecer nuestro bolsillo. Esta es la razón por la cual tantos ahorradores conservadores han llegado a perder la totalidad o buena parte de su dinero, a pesar de haber primado la seguridad por encima de todo.

Hoy un ahorrador conservador está obligado a diversificar si quiere obtener tanto seguridad como rentabilidad, lo cual es del todo coherente con su forma de ser. Es decir, se ve obligado a ser verdaderamente conservador, mientras que en el pasado lo apostaba todo a una sola carta, una actitud de por sí de alto riesgo, independientemente de lo segura que pareciera esa única carta.

Un plan de ahorro seguro y rentable pasa necesariamente por una combinación de activos que genere una buena relación rentabilidad-riesgo. De eso trata esta monografía. Veremos que diversificar se ha vuelto casi tan sencillo como invertir en un único producto. Por tanto, hoy es más fácil gestionar el capital de un modo eficiente.

1.2. Ya nadie necesita un gestor de patrimonios

En el libro *Where Are the Customers' Yachts?* (¿Dónde están los yates de los clientes?), publicado en el año 1940, Fred Schwed ya observó que todos los yates amarrados en un puerto pertenecían a gestores financieros y ninguno a los clientes de estos.

La conjunción de dos revoluciones, una financiera y otra tecnológica, han dado al inversor particular el poder de llevar a cabo su propia planificación financiera y obtener una rentabilidad adicional que antes se le iba en remunerar al gestor por un trabajo que en realidad solo requiere de un día al año, como veremos en la tercera parte.

Tenemos que pensar que podríamos pagarnos a nosotros mismos los honorarios de un gestor de patrimonios o las comisiones de un fondo de gestión activa, que suelen estar alrededor de un 2% anual, o incluso en el 3%, del capital. Solo tenemos que aplicar esos porcentajes al valor de nuestro capital y recordar que a medida que aumente nuestro patrimonio también aumentará el coste del gestor sin que varíe necesariamente la cantidad ni la calidad de su trabajo. Una rentabilidad extra del 2 o 3% anual capitalizada a largo plazo tiene efectos muy significativos, sobre todo cuando la rentabilidad general de los activos es moderada, como ha sido el caso en las últimas dos décadas.

Con esto no quiero decir que un gestor de patrimonios no pueda hacer un buen trabajo por nosotros. Si es capaz de obtener una rentabilidad superior a la que podríamos obtener por nosotros mismos, por supuesto que valdrá la pena pagarle sus honorarios.

La revolución tecnológica que nos favorece como inversores es la intermediación *online*, disponible para cualquier ahorrador y cualquier nivel de capital. Con un ordenador podemos comprar y vender en un instante activos financieros de los principales mercados internacionales a un coste muy inferior al que soportábamos cuando teníamos que hacer las operaciones a través de la sucursal del banco o incluso vía telefónica.

La revolución financiera a la que me refiero se ha producido gracias a la creciente implantación de los fondos de inversión de bajo coste, en particular los fondos cotizados, con los cuales es posible comprar todo tipo de activos.

Los fondos cotizados se iniciaron en Estados Unidos en 1993 y llegaron a Europa en el año 2000 y a España en 2006. Al cotizar en bolsa, estos productos se pueden comprar como si fueran acciones, por lo que, además de bajas comisiones de gestión, tienen reducidas comisiones de intermediación.

En el capítulo siete de esta primera parte veremos cuáles son las características de los fondos de bajo coste y por qué son tan útiles.

1.3. Menos inflación es más rentabilidad

Si nos dan a elegir entre ganar un 8% con una inflación del 7% o ganar un 4% sin inflación, la mayoría de nosotros preferiría la primera opción a pesar de que la ganancia real es del 1% mientras que con la segunda es del 4%. Cuando nos plantean un dilema como este, tendemos a creer que un 8% siempre es mejor que un 4% porque creemos que la inflación no es tan perjudicial para el capital como lo es para el bolsillo del consumidor. Sin embargo, es mucho peor.

En primer lugar, un consumidor tiene la opción de dejar de comprar aquellos productos que más se han incrementado de precio porque los bienes de consumo son hasta cierto punto sustituibles. En cambio, la inflación que afecta al capital es la que está representada por el coste de la vida, que incluye todo tipo de bienes y servicios, sobre los cuales no tenemos el mismo poder de decisión que sobre los bienes de consumo.

Cuando obtenemos una ganancia monetaria hay que compararla con el incremento del poder adquisitivo. Dicho de un modo redundante, pero preciso, nos interesa saber la ganancia de poder adquisitivo proporcionada por el dinero que hemos ganado.

Supongamos que partimos de un capital de 10.000 €, con el cual hoy podríamos comprarnos un coche por ese valor. Pero en vez de comprar el coche ahorramos los 10.000 € y al cabo de un año ganamos 1.000 €. Supongamos que el coche se ha encarecido a 10.300 €. ¿Cuánto hemos ganado en realidad? Si compramos el coche, nos quedarán 700 €. Esa es la ganancia real.

Ganar un interés del 5% con una inflación del 3% es lo mismo que ganar un 2% con una inflación del 0%. Pero si tenemos que pagar un impuesto del 20% sobre la renta, la ganancia real es bastante diferente. En el primer caso, el interés nominal neto queda en un 4% y al restarle la inflación del 3%, el interés real resultante es del 1%.

En el segundo caso pagaríamos un 20% sobre un interés del 2%, por lo que el interés neto real sería del 1,6%. Para un capital de 100.000 € supone una renta adicional de 600 € anuales. Por eso se dice que la inflación es un impuesto encubierto.

La inflación elevada también genera ilusión monetaria, un tipo de espejismo que nos hace creer que nos podemos gastar todas las rentas del capital. Cuando los rendimientos son artificialmente elevados, se tiende a gastar más de lo que recomienda la prudencia.

Por ejemplo, si un inversor tiene un capital de 50.000 €, gana un 8% anual y la inflación del 6% anual, tenderá a creer que puede gastar los 4.000 € al año de renta, cuando en realidad solo debería gastar 1.000 € (el 2% de rendimiento real) si quiere mantener el valor real de su capital. Los 3.000 € restantes deberían añadirse al capital, o sea capitalizarse. En caso contrario, la renta real será cada año menor y si se continúa con la práctica de retirar todas las ganancias, el capital acabará por perder todo su valor.

Así, un entorno de alta inflación da lugar a una fiscalidad confiscatoria y a un gasto excesivo que reduce, sin que seamos conscientes, el valor del capital. Un entorno de baja inflación como el actual, en cambio, permite que las rentas pierdan menos poder adquisitivo, favorece que los impuestos sean más justos en relación con las ganancias efectivas y facilita que el capital conserve mejor su valor en términos reales.

En resumen, la mayor facilidad para diversificar gracias a los fondos de bajo coste y la intermediación *online*, el ahorro en comisiones y la inflación moderada proporcionan al inversor conservador la posibilidad de tener un capital con menor riesgo y más rentable en relación a épocas anteriores.

2. El modo más eficaz de reducir el riesgo

2.1. La combinación de activos

La seguridad no se consigue apostando por un único producto que parece seguro. Si efectivamente dicho producto es seguro, lo más probable es que su rentabilidad sea tan escasa que la pérdida está garantizada después de tener en cuenta los impuestos y la inflación. En un año determinado, su rentabilidad neta real solo será ligeramente negativa pero año tras año la pérdida puede llegar a ser considerable. Si el producto solo parece seguro, tal como sucede tan a menudo, la pérdida puede llegar a ser total debido a la inexistencia de diversificación.

La seguridad se obtiene mediante una adecuada diversificación del capital en diferentes clases de activos. Si bien un capital diversificado no puede dar una seguridad total a corto plazo, sí puede garantizar una óptima relación rentabilidad-riesgo a largo plazo. Se trata de sacrificar algo de seguridad a cambio de una ganancia mucho mayor en términos de rentabilidad.

Así, tenemos las siguientes equivalencias:

Seguridad absoluta	=	Pérdida garantizada
Seguridad aparente	=	Posible quebranto total
Riesgo mal gestionado	=	Pérdida garantizada y posible quebranto total
Riesgo bien gestionado	=	Rentabilidad garantizada

Apostar por un producto considerado seguro que no sea una cuenta de ahorro, un depósito tradicional, un título de deuda pública o un fondo de renta fija puede dar el mismo resultado que un riesgo mal gestionado.

Antes de la fuerte caída de los tipos de interés de principios de la década de 2010, podíamos ganar un rendimiento del 4% sin riesgo, que era un 3% después de impuestos. Una combinación de activos tendrá algo más de riesgo que una libreta de ahorros pero puede darnos una rentabilidad superior al 4% anual. Además, el capital que está invertido tanto en activos que se revalorizan como en activos que proporcionan una renta paga menos impuestos que el ahorro invertido únicamente en productos o activos que solo dan una renta pero ninguna plusvalía.

Cuando un producto financiero solo da un rendimiento, por ejemplo un depósito a interés, toda la ganancia está sujeta a impuestos. En cambio, si parte del ahorro está invertido en acciones y estas no se venden, las plusvalías obtenidas están libres de impuestos.

Esto significa que aun si ganamos un 4% anual como ganábamos antes en una libreta de ahorro, la ganancia después de impuestos estará más cercana al 4% que al 3%.

Cualquier rentabilidad adicional que pueda aportarnos una combinación de activos es mucho más significativa de lo que parece. Si gano un 4% neto de impuestos pero la inflación es del 3%, la ganancia real es del 1%. Si gano un 8% neto, la ganancia nominal respecto al caso anterior es del doble pero la ganancia real es cinco veces más alta: un 5% frente a un 1%.

En el capítulo siguiente veremos un hecho que sorprende a todos los inversores: una combinación de activos puede ser más rentable y segura que cualquiera de los activos por separado.

2.2. La calidad, más importante que la seguridad

Para que el ahorro sea seguro, conviene no obsesionarse con la seguridad: la calidad del activo es más importante.

Si estamos demasiado centrados en la seguridad, podemos acabar comprando productos diseñados para tener la apariencia de seguros. Por ejemplo, las obligaciones del Estado son un producto seguro pero también hay que asegurarse de la calidad de esa inversión: ¿es un Estado con una buena calidad crediticia? Los bonos emitidos por una empresa privada suelen ser seguros pero hay que cerciorarse de que esa empresa sea solvente y de que la emisión de deuda cumpla determinados requisitos.

Los inversores conservadores tienden a fijarse demasiado en un tipo de riesgo, el de mercado, y a obviar otro mucho mayor, el riesgo del emisor. El primero se manifiesta a través de fluctuaciones de precio pero el segundo puede manifestarse con la pérdida total del capital.

Imagina que tienes dos opciones: comprar un producto totalmente seguro emitido por un delincuente o comprar un conjunto de activos emitidos por empresas solventes y de prestigio cuyo precio fluctúa en un mercado oficial de la forma más caprichosa imaginable. Muchos inversores conservadores optan a menudo por la primera de estas opciones porque se centran en el producto y no en el emisor, por ejemplo cuando compraron pagarés anunciados en televisión por un conocido estafador que aseguraba estar comprometido con el empleo.

Siempre será mucho más seguro comprar un activo de riesgo emitido por una empresa de calidad (solvente y rentable) que un activo seguro emitido por una empresa de baja calidad (insolvente, fraudulenta o ambas cosas).

2.3. La transparencia

Los activos que fluctúan de precio son percibidos como de alto riesgo, mientras que productos fraudulentos pueden ser vistos como seguros por la sencilla razón de que no cotizan en mercado alguno, de modo que se benefician precisamente de su mayor defecto: su total falta de transparencia. Al estar fuera de un mercado regulado, su valor es aparentemente estable por mucho que su verdadero valor pueda estar deteriorándose cada día.

Por este motivo, es importante comprar activos que tengan una cotización en un mercado oficial. Si no queremos ver cómo fluctúan de precio, tenemos la opción de no hacerlo. Pero esa opción no la tenemos con productos opacos.

Lo que hemos visto en este capítulo puede resumirse en una sola frase: el modo más eficaz de reducir el riesgo es diversificar el capital en activos con baja correlación entre sí, emitidos por emisores solventes y cotizados en mercados transparentes.

3. Cómo la seguridad y la rentabilidad se refuerzan mutuamente

3.1. Tener activos poco rentables puede ser muy rentable

Antes he comentado que para que el ahorro sea seguro conviene no obsesionarse con la seguridad. De modo similar, para que el ahorro sea rentable es importante no obsesionarse con la rentabilidad. Los activos más rentables tienen cierto nivel de riesgo y si tenemos todo el capital invertido en activos de riesgo podemos tener algunos años muy negativos tras los cuales la recuperación puede ser muy lenta.

El inversor que solo tenga la mitad de su capital en acciones y la otra mitad en activos más estables, pero mucho menos rentables, puede acabar ganando más que el que tenga el 100% de su capital en bolsa, a pesar de haber asumido un riesgo menor.

Es así por dos motivos. El primero es que para recuperarse tras un año muy negativo en bolsa se necesita una rentabilidad excepcional. Por ejemplo, tras perder 35% es preciso ganar un 54%, o sea mucho más de lo que se ha perdido, mientras que para recuperar un 17,5% basta con ganar un 21%, un porcentaje similar a lo perdido. El segundo motivo es que la significativa ganancia que suele producirse en el año siguiente a un desplome bursátil puede ser insuficiente para quien lo tenía todo en bolsa y en cambio puede ser una gran oportunidad para quien estaba más diversificado. Quizá los activos sin riesgo hayan sido poco rentables durante mucho tiempo, pero ahora existe la oportunidad, si son invertidos en acciones, de sacarles una rentabilidad excepcional en poco tiempo.

Cuando la bolsa cae, el dinero seguro se revaloriza de forma indirecta porque puede comprar mayor cantidad de acciones que antes, y además esas acciones, al estar más baratas, darán un rendimiento por dividendo más elevado que antes de la caída. Por otro lado, tras una fuerte caída de la bolsa el riesgo de invertir en acciones se reduce de forma drástica. Después de un año muy negativo, la bolsa suele tener un potencial de revalorización muy alto con un riesgo bajo. La relación rentabilidad-riesgo es muy favorable. Por este motivo, tiene sentido para un inversor conservador aumentar la ponderación de su capital en acciones.

3.2. Mantener el equilibrio

Hemos visto que un patrimonio equilibrado en activos de riesgo y activos seguros, aunque estos últimos sean muy poco rentables a largo plazo, puede ser más rentable que invertir solo en activos de riesgo. Además, reequilibrar la cartera de activos una vez al año es otro potenciador de la rentabilidad, a la par que permite reajustar los niveles de riesgo a los parámetros iniciales.

Imaginemos que empezamos con un 50% de bolsa y un 50% en un fondo de renta fija. Al cabo del año, la bolsa ha subido un 20% y el fondo de renta fija ha ganado solo un 1%. Entonces tendremos el 54,3% en bolsa y el resto en el fondo. Si vendemos el 4,3% del capital en acciones y lo reinvertimos en el fondo de renta fija volveremos a tener la misma distribución que al principio.

Hacer esto año tras año de forma sistemática es más rentable que mantener cada tipo de activo indefinidamente. La razón es que, en general, el riesgo de la bolsa tiende a aumentar cuando los índices suben, y viceversa. Al vender parte del activo de riesgo cuando este se revaloriza, reducimos el riesgo global de nuestro capital y la minusvalía potencial en años negativos.

Por ejemplo, empezamos con 50 € en bolsa y 50 € en un depósito. El primer año la bolsa gana un 40%, el segundo pierde un 30% y el tercero vuelve a ganar un 40%. El depósito da un 1% anual. Tenemos dos opciones: la primera, no hacer nada, o sea no vender acciones ni retirar parte del depósito. La segunda opción consiste en reequilibrar el capital de modo que empecemos cada año con la mitad en bolsa y la otra mitad en el depósito, lo que implica vender parte de las acciones cuando la bolsa sube y utilizar parte del depósito para comprar acciones cuando la bolsa baja. El resultado sería el siguiente:

Opción 1: no reequilibrar el capital

activo	año 0	final año 1	inicio año 2	final año 2	inicio año 3	final año 3
bolsa	50,0 €	70,0 €	70,0 €	49,0 €	49,0 €	68,6 €
depósito	50,0 €	50,5 €	50,5 €	51,0 €	51,0 €	51,5 €
total capital	100,0 €	120,5 €	120,5 €	100,0 €	100,0 €	120,1 €
rentabilidad		20,50%		-17,01%		20,11%

Opción 2: reequilibrar el capital al inicio de cada año

activo	año 0	final año 1	inicio año 2	final año 2	inicio año 3	final año 3
bolsa	50,0 €	70,0 €	60,3 €	42,2 €	51,5 €	72,1 €
depósito	50,0 €	50,5 €	60,3 €	60,9 €	51,5 €	52,0 €
total capital	100,0 €	120,5 €	120,5 €	103,0 €	103,0 €	124,1 €
rentabilidad		20,50%		-14,50%		20,50%

Al final del primer año la ganancia es del 20,50% en ambas opciones. Si dejamos las cosas como están (primera opción), la pérdida en el segundo año es del 17% mientras que si reequilibramos el capital (segunda opción), es del 14,5%, porque al vender parte de las acciones habremos asumido menos riesgo.

Además, el tercer año, la segunda opción es más rentable porque está más ponderada en bolsa que la primera. Si reequilibramos el capital, al final del segundo año tenemos un 3% más que con la primera opción (103 € vs. 100 €) y al final del tercer año, la ventaja acumulada es del 3,33% (124,1 € vs. 120,1 €). Si hacemos esto cada año, la diferencia tenderá a ir creciendo a pesar de asumir menos riesgos.

3.3. Activos combinados, mejores que por separado

Si con un activo gano un 6% anual y con otro un 4% anual, parece que la rentabilidad media de combinar ambos debería ser del 5% anual. No necesariamente: la combinación puede tener una rentabilidad superior a la del activo más rentable, por ejemplo un 6,5% anual. ¿Cómo es posible?

En el cuadro siguiente tenemos un ejemplo. El activo 1 genera una pérdida del 30% el primer año y ganancias del 20% y del 25% en los dos siguientes. Cien euros invertidos en ese activo se convierten en 105 € al cabo de los tres años. El activo 2 produce una ganancia muy escasa en el período, pues cien euros invertidos en el mismo solo se convierten en 101,4 €. Pero si invierto cada año la mitad de mi capital en cada uno de los activos, al cabo de los tres años obtengo 108,8 €: más que con el activo más rentable.

año	activo 1	activo 2	media	activo 1	activo 2	media
0				100,0 €	100,0 €	100,0 €
1	-30,0%	17,0%	-6,5%	70,0 €	117,0 €	93,5 €
2	20,0%	-15,0%	2,5%	84,0 €	99,5 €	95,8 €
3	25,0%	2,0%	13,5%	105,0 €	101,4 €	108,8 €

Este resultado se produce por dos razones. La primera es que la pérdida máxima de la combinación es menor que la de los activos: es del 6,5%, mientras que el activo 1 pierde un 30% en el primer año y el activo 2, un 15% en el segundo año. Como he indicado en el primer apartado de este capítulo, una pérdida moderada es más fácil de recuperar que una elevada.

La segunda razón tiene que ver con el reajuste de las ponderaciones a su estado original, que permite reducir el peso de los activos más volátiles cuando estos suben de precio e incrementar la apuesta por el riesgo cuando este es relativamente menor.

Puede observarse que la combinación de ambos activos no solo es más rentable que cualquiera de los activos por separado sino que además presenta una volatilidad mucho menor: la pérdida máxima es del 6,5% frente al 30% y el 15% de sendos activos, y la ganancia máxima es del 13,5%, frente al 25% y el 17%. Este ejemplo demuestra que una combinación de activos hace posible disminuir el riesgo y al mismo tiempo aumentar la rentabilidad.

4. Lo que pierdes cuando dejas que otro gestione tu capital

4.1. Lo que pierdes por tener un fondo de pensiones

Un fondo de pensiones que invierte únicamente en renta fija no puede cobrar una comisión de gestión superior al 0,85% anual sobre el capital pero hay que añadir la comisión de depósito, que es sobre el capital y que es del 0,20% anual. Es decir, la comisión por ambos conceptos no puede superar el 1,05% anual. Los fondos de pensiones que invierten una parte en renta fija y otra en acciones, llamados fondos mixtos, pueden cobrar como máximo un 1,30% por gestión y un 0,20% por depositaría, siendo el máximo total del 1,50%.

Por último los fondos de pensiones que invierten mayoritariamente en bolsa tienen una comisión máxima de gestión del 1,50% y del 0,20% por depósito, en conjunto un 1,70% anual sobre el capital.

La comisión no se resta de la rentabilidad por simple sustracción ya que se aplica tanto sobre el capital como sobre los beneficios. Por ejemplo, si el capital de un fondo de pensiones en renta fija pasa de 100 a 104,09 en un año y se aplica una comisión del 1,05% sobre el capital al final del año, o sea sobre 104,09, la comisión resultante es de 1,09. Por tanto, al partícipe le queda 103,00. La rentabilidad bruta del fondo es del 4,09% pero al partícipe no le queda un 3,04% tras la comisión del 1,05% sino un 3,00%. Puede parecer una diferencia de poca importancia pero en períodos largos de tiempo el efecto acumulativo es notable, sobre todo para rentabilidades más bajas y comisiones más altas.

El cuadro siguiente indica el porcentaje de beneficios perdidos en un fondo de pensiones en renta fija como consecuencia de una comisión del 1,05% sobre el capital, para diferentes rentabilidades y plazos de tiempo. Por ejemplo, si la rentabilidad neta del fondo es del 3,00% anual, a lo largo de un período de 10 años el partícipe deja de ganar el 30,3% de los beneficios como consecuencia de las comisiones.

Fondos de pensiones en renta fija: Porcentaje máximo de beneficios perdidos a causa de las comisiones									
Rentabilidad *	0,00%	1,00%	2,00%	3,00%	4,00%	5,00%	6,00%	7,00%	8,00%
10 años	100,0%	54,0%	38,3%	30,3%	25,5%	22,4%	20,1%	18,5%	17,2%
20 años	100,0%	56,6%	41,8%	34,5%	30,2%	27,4%	25,5%	24,1%	23,0%
30 años	100,0%	59,1%	45,4%	38,8%	35,0%	32,6%	31,1%	30,0%	29,3%
40 años	100,0%	61,5%	49,0%	43,1%	39,9%	38,0%	36,8%	36,0%	35,5%

* Neta de comisiones. Se ha supuesto que el fondo tiene la comisión máxima: un 0,85% de gestión y un 0,20% de depósito.

En otras palabras, los gestores del fondo se habrán quedado con el 30,3% de los beneficios generados por el capital del partícipe. Al cabo de un período de 40 años, ese porcentaje alcanzaría el 43,1%. En general, se puede observar que cuanto menor es la rentabilidad del fondo y mayor el plazo de tiempo considerado, mayor es el coste relativo para el partícipe.

En el caso de los fondos de pensiones en renta variable, que tienen comisiones más altas, se puede llegar a perder hasta el 64% de los beneficios. Sería el caso si el fondo solo obtiene una rentabilidad neta del 2% anual en un período de 40 años. Incluso si el fondo resulta ser muy rentable y gana un 10% neto anual, el partícipe dejaría de ingresar el 50,2% de los beneficios en caso de una comisión máxima del 1,70% anual.

Fondos de pensiones en renta variable: Porcentaje máximo de beneficios perdidos a causa de las comisiones									
Rentabilidad *	2,00%	3,00%	4,00%	5,00%	6,00%	7,00%	8,00%	9,00%	10,00%
10 años	51,0%	42,2%	36,6%	32,6%	29,8%	27,6%	25,8%	24,5%	23,3%
20 años	55,6%	47,8%	42,9%	39,6%	37,3%	35,6%	34,2%	33,2%	32,5%
30 años	60,0%	53,4%	49,3%	46,7%	44,9%	43,6%	42,8%	42,1%	41,6%
40 años	64,3%	58,7%	55,5%	53,5%	52,2%	51,4%	50,8%	50,4%	50,2%

* Neta de comisiones. Se ha supuesto que el fondo tiene la comisión máxima: un 1,5% de gestión y un 0,20% de depósito.

4.2. Lo que pierdes por tener un fondo de inversión

Los fondos de inversión que no sean planes de pensiones tienen una comisión máxima de gestión del 2,25% y de depositaría del 0,20%, lo que supone un 2,45% anual sobre el capital.

En este caso, la pérdida de beneficios para el partícipe alcanzaría el 61% si la rentabilidad neta del fondo fuera del 2% anual en un período de 10 años y el 75,6% tras un período de 40 años. Incluso para una elevada rentabilidad neta del 10% anual, el partícipe dejaría de ganar el 63,4% de los beneficios si consideramos un período de 40 años. A continuación vamos a demostrar esto.

Fondos de inversión en renta variable: Porcentaje de beneficios perdidos a causa de las comisiones									
Rentabilidad *	2,00%	3,00%	4,00%	5,00%	6,00%	7,00%	8,00%	9,00%	10,00%
10 años	61,0%	52,4%	46,5%	42,2%	38,9%	36,4%	34,4%	32,8%	31,4%
20 años	66,3%	59,0%	54,2%	50,8%	48,3%	46,4%	45,0%	43,9%	43,0%
30 años	71,1%	65,3%	61,5%	59,0%	57,2%	56,0%	55,1%	54,4%	54,0%
40 años	75,6%	71,0%	68,2%	66,4%	65,3%	64,5%	64,0%	63,7%	63,4%

* Neta de comisiones. Se ha supuesto que el fondo tiene la comisión máxima: un 2,25% de gestión y un 0,20% de depósito.

Una rentabilidad neta del 10% tras una comisión del 2,45% representa una rentabilidad antes de comisiones del 12,76% (2,45% sobre 112,76 € es 2,76 €, así que al partícipe le quedan 110 €). Si yo invirtiera 100 € al 12,76% anual, al cabo de 40 años tendría 12.207 €, por tanto unos beneficios de 12.107 €.

Si invierto 100 € al 10% anual, al cabo de 40 años tendré 4.526 €, de modo que los beneficios serán de de 4.426 €. La diferencia respecto al caso anterior es de 7.681 €, que son los beneficios que pierdo por haber ganado un 10% anual en vez de un 12,76% anual. Esos 7.681 € representan el 63,4% de los 12.107 € que habría podido ganar sin la comisión del 2,45% anual. Ese dinero lo habrán ganado los gestores del fondo, que es más de lo que habré ganado yo (4.426 €).

En un principio parecía que los gestores ganarían la cuarta parte que yo, pues su comisión es del 2,45% y mi rentabilidad del 10%. Sin embargo, habrán ganado un 74% más. Esto ocurre a pesar de, y precisamente debido a, que yo he aportado mi capital y los gestores no han aportado nada, salvo su gestión. Es el negocio de las entidades financieras: apalancarse sobre los recursos de sus clientes.

4.3. Cómo entender las verdaderas comisiones de los fondos

Uno de los quebraderos de cabeza de los inversores en fondos de inversión es entender qué gastos y comisiones pagan en total a la institución de inversión colectiva. Según la fuente consultada, veremos que los costes que el fondo repercute al partícipe son denominados OGC, gastos corrientes o TER. Los OGC son las siglas de **Ong**oing **C**harges y es lo mismo que gastos corrientes.

En un artículo publicado en Morningstar titulado *Lo que su gestora (casi) nunca le dirá*, Fernando Luque afirmaba en 2012 que los costes que las gestoras de fondos publicitan en sus folletos registrados en la CNMV no incluían una serie de "gastos invisibles" como la auditoría, las comisiones de intermediación, los gastos de publicación y "un largo etcétera".

Actualmente, los OGC o gastos corrientes sí incluyen esos gastos invisibles. Se trata de los gastos fijos anuales de la institución calculados como porcentaje sobre el patrimonio. Incluye la comisión de gestión, la de depósito y otros conceptos como la auditoría. Ahora bien, no incluye la comisión de éxito porque esta varía en función de los resultados obtenidos. La comisión de éxito es, en realidad, el componente variable de la comisión de gestión, por lo que los OGC o gastos corrientes no siempre indican el coste porcentual total que asume el partícipe.

En cambio el TER (*Total Expense Ratio*) sí incluye la comisión de éxito y todos los demás gastos del fondo, por lo que nos da el coste porcentual sobre el capital que soporta el partícipe. Esto equivale a la rentabilidad que debe sacrificar a cambio de que le gestionen su dinero.

A pesar de que nos da una información más completa, el TER también su inconveniente. Por ejemplo, si el año pasado un fondo ha sido muy rentable, su comisión de éxito habrá sido bastante alta. Si nos fijamos en el TER de ese año creeremos que esa será la comisión también para el año corriente cuando en realidad no va a ser así si la rentabilidad del fondo es más moderada.

La tabla siguiente, obtenida del *Informe anual sobre mercados de valores y su actuación de 2017* de la CNMV, indica la media de las comisiones anuales de gestión y depósito cargadas sobre el patrimonio de los partícipes por los fondos de inversión supervisados por la CNMV. Por ejemplo, en los fondos de renta fija, dichas comisiones fueron del 0,54% y 0,07% respectivamente.

Si los gestores obtienen buenos resultados, valdrá la pena asumir sus comisiones. Si los resultados son similares a los que podría obtener el inversor por su cuenta, podríamos decir que las comisiones de los gestores representan el "coste de la comodidad". Si los resultados son peores, entonces no tiene ningún sentido asumirlas.

Gastos repercutidos a los fondos de inversión de carácter financiero   II.3

% sobre patrimonio medio diario

	Comisión de gestión			Comisión de depósito[1]		
	2015	2016	2017	2015	2016	2017
Total fondos de inversión[2]	1,00	0,95	0,91	0,09	0,08	0,08
Renta fija	0,66	0,58	0,54	0,08	0,07	0,07
Renta fija mixta	1,15	1,12	1,05	0,09	0,09	0,09
Renta variable mixta	1,41	1,40	1,34	0,11	0,11	0,10
Renta variable euro	1,76	1,75	1,71	0,12	0,12	0,11
Renta variable internacional	1,71	1,71	1,69	0,12	0,12	0,10
Garantizado renta fija	0,84	0,68	0,48	0,06	0,06	0,05
Garantizado renta variable	1,05	0,70	0,58	0,08	0,06	0,05
Fondos globales	1,06	1,26	1,07	0,08	0,10	0,09
De gestión pasiva	0,64	0,56	0,52	0,07	0,06	0,06
Retorno absoluto	0,99	0,96	0,91	0,08	0,08	0,07
FIICIL	1,47	0,96	2,93	0,10	0,07	0,08
Fondos de inversión libre[3]	2,30	2,38	2,75	0,02	0,01	0,00

Fuente: CNMV. (1) Excepto en los fondos de inversión libre, que son las comisiones de financiación. (2) Los datos de los compartimentos de propósito especial solo se incluyen en los totales, no en los desgloses por vocación, al carecer de esta. (3) Porcentaje sobre el patrimonio medio mensual.

4.4. Las comisiones como predictor de la rentabilidad futura

Un artículo de junio de 2015 titulado *Analizando un potente predictor de rentabilidad futura: las comisiones*, escrito por Marc Bisbal Arias, del departamento de análisis de fondos de la página web de Morningstar, llega a una conclusión interesante. Se basa en un estudio sobre 509 fondos domiciliados en España que en aquel momento tenían un historial de rentabilidades de al menos diez años. Dichos fondos pertenecían a tres grandes categorías: renta fija, renta variable y renta mixta (combinación de renta fija y variable). Tras comparar las comisiones de cada fondo con su rentabilidad a diez años, se halló una fuerte correlación entre mayores comisiones y peores rentabilidades.

Se trata de un resultado estadístico, es decir, se cumple en términos generales. No conviene sacar la conclusión de que hay que comprar simplemente el fondo que cobre comisiones más bajas. Lo que significa es que entre aquellos fondos que cobran comisiones más bajas, la probabilidad de obtener una rentabilidad superior a la media es más alta.

Un artículo de Russel Kinnel titulado *How Expense Ratios and Star Ratings Predict Success* publicado en agosto de 2010, también en Morningstar, ofrece datos concretos acerca de esta relación en el mercado estadounidense. El estudio clasificó los fondos de cinco categorías (renta variable nacional, renta variable internacional, renta mixta, renta fija y renta fija municipal) en cinco quintiles según su nivel de comisiones al principio de los años 2005, 2006, 2007 y 2008. A continuación se calculó su rentabilidad desde cada uno de dichos años hasta marzo de 2010.

En todos los períodos considerados, los resultados indicaron que los fondos con menos comisiones fueron los más rentables. Por ejemplo, la tabla siguiente indica los resultados de los fondos clasificados a principios de 2005 según su nivel de comisiones y su rentabilidad hasta marzo de 2010.

Broad Group	Expense Ratio Quintile Begin Year	Total Return	Total Return Success Ratio	3yr Rating as of 31-March End Year	5yr Rating as of 03/10/2010
Domestic Equity	Cheapest	3.35	47.83	3.24	3.23
	Priciest	2.02	23.39	2.66	2.66
	Difference	1.33	24.44	0.58	0.57
International Equity	Cheapest	6.46	48.03	3.27	3.27
	Priciest	5.25	29.63	2.62	2.70
	Difference	1.21	18.40	0.65	0.57
Balanced	Cheapest	3.76	49.55	3.30	3.17
	Priciest	2.87	30.26	2.48	2.52
	Difference	0.89	19.29	0.82	0.65
Taxable Bond	Cheapest	5.11	63.54	3.55	3.34
	Priciest	3.82	22.82	2.11	2.30
	Difference	1.29	40.72	1.44	1.04
Municipal Bond	Cheapest	3.83	67.18	3.78	3.74
	Priciest	2.75	9.69	1.95	1.86
	Difference	1.08	57.49	1.83	1.88

Vale la pena examinar la tabla porque ofrece diversas conclusiones interesantes. Veamos, por ejemplo, los resultados correspondientes a la categoría de *Domestic Equity* (renta variable nacional de Estados Unidos). La rentabilidad media entre el inicio de 2005 hasta marzo de 2010 fue del 3,35% para los fondos en el quintil con las comisiones más bajas y del 2,02% en el quintil con las comisiones más altas. Las rentabilidades hacen referencia a los fondos que sobrevivieron en todo el período.

Fijémonos además en la columna "Total Return Success Ratio". Nos indica el porcentaje de fondos supervivientes que batieron a sus competidores, para tener en cuenta que una parte relativamente elevada de fondos va siendo liquidada a lo largo del tiempo. Vemos que entre los fondos con comisiones más bajas, la tasa fue del 47,83% y de solo el 23,39% entre los fondos más caros, lo cual se explica porque los fondos más caros tienden a ser más ineficientes, de modo que son liquidados más pronto o son fusionados con otros fondos.

Las dos últimas columnas nos indican la valoración media de los fondos de cada quintil en marzo de 2010. Mornigstar otorga una puntuación en una escala del uno al cinco a cada fondo según su relación rentabilidad-riesgo a lo largo de un período de 3 y 5 años. Aquellos con comisiones más bajas obtuvieron un rating medio de 3,23 puntos y los más caros, de 2,66 puntos.

Así, el nivel de comisiones no solo predijo una mayor rentabilidad futura sino también una mayor tasa de éxito y una mejor valoración.

En la categoría de *Taxable Bond* (renta fija), la diferencia fue similar. Los fondos más baratos ganaron de media un 5,11% y los fondos más caros un 3,82% (el período incluye el desplome de las bolsas internacionales en 2008, de aquí que la renta fija fuera más rentable que la variable).

El estudio también encontró una relación entre la valoración de los fondos y la rentabilidad posterior de estos: aquellos con la mejor puntuación por parte de Morningstar fueron solo ligeramente más rentables que los fondos peor valorados (y en la categoría de fondos internacionales, lo fueron menos).

Este resultado puede parecer sorprendente pero tiene una explicación sencilla: la reversión a la media. Muchos de los fondos que obtienen mejores resultados en períodos de tres y cinco años, a continuación obtienen resultados por debajo de la media, y viceversa. Esto sugiere que la rentabilidad excepcional que obtienen determinados fondos suele ser aleatoria.

A continuación reproduzco la tabla anterior añadiendo las columnas que faltaban y que hacen referencia a este aspecto.

Broad Group	Expense Ratio Quintile Begin Year	Total Return	Total Return Success Ratio	3yr Rating as of 31-March End Year	5yr Rating as of 03/10/2010	Star Rating	Total Return	TR Success Ratio	3yr Rating	5yr Rating
Domestic Equity	Cheapest	3.35	47.83	3.24	3.23	★★★★★	2.79	46.60	3.09	2.96
	Priciest	2.02	23.39	2.66	2.66	★	1.60	20.44	2.53	2.60
	Difference	1.33	24.44	0.58	0.57	Difference	1.19	26.16	0.56	0.36
International Equity	Cheapest	6.46	48.03	3.27	3.27	★★★★★	5.74	52.59	3.18	3.10
	Priciest	5.25	29.63	2.62	2.70	★	6.53	13.01	2.35	2.45
	Difference	1.21	18.40	0.65	0.57	Difference	-0.79	39.58	0.83	0.65
Balanced	Cheapest	3.76	49.55	3.30	3.17	★★★★★	3.87	57.89	3.24	3.03
	Priciest	2.87	30.26	2.48	2.52	★	3.70	13.33	2.12	2.91
	Difference	0.89	19.29	0.82	0.65	Difference	0.17	44.56	1.12	0.12
Taxable Bond	Cheapest	5.11	63.54	3.55	3.34	★★★★★	5.36	72.43	3.43	3.47
	Priciest	3.82	22.82	2.11	2.30	★	3.74	21.27	2.24	2.30
	Difference	1.29	40.72	1.44	1.04	Difference	1.62	51.16	1.19	1.17
Municipal Bond	Cheapest	3.83	67.18	3.78	3.74	★★★★★	3.39	65.29	3.62	3.49
	Priciest	2.75	9.69	1.95	1.86	★	3.00	12.00	1.93	1.83
	Difference	1.08	57.49	1.83	1.88	Difference	0.39	53.29	1.69	1.66

Entre los fondos de *Domestic Equity* (renta variable nacional de Estados Unidos), aquellos que a principios de 2005 tenían cinco estrellas y habían sobrevivido hasta 2010, dieron una rentabilidad anual del 2,79% y aquellos que solo tenían una estrella y habían sobrevivido hasta 2010, del 1,60%. La diferencia entre ambos fue de solo el 1,19%. Otro dato interesante es que los fondos que en 2005 tenían cinco estrellas, en marzo de 2010 solo tenían 2,96 puntos de media, mientras que los fondos que en 2005 tenían una estrella habían pasado a tener una media de 2,60 puntos en marzo de 2010. Ambos quintiles partieron de posiciones opuestas pero acabaron acercándose mucho tanto en términos de rentabilidad como de puntuación.

El número de estrellas o puntos fue un buen predictor de la tasa de supervivencia de los fondos. Como es de esperar, los fondos con peor historial tienden a desaparecer. Esto tiene su lado positivo, ya que los fondos malos que duran son un lastre para aquellos inversores que son lentos en tomar decisiones, mientras que un fondo malo que cierra obliga al inversor a buscar uno mejor.

En cambio, un buen historial atrae nuevos inversores. De entre los fondos mejor valorados en 2005, la proporción de fondos que sobrevivieron y batieron a sus competidores fue del 46,6%, mientras que esa tasa fue de solo el 20,44% para los que tuvieron una puntuación más baja. Esto significa que un buen número de fondos de cinco estrellas lo siguió haciendo bien pero no tanto como en los años anteriores, mientras que los pocos fondos de una estrella que sobrevivieron fueron, en general, bastante más rentables que la media.

4.5. Lo que pierdes por dar un mandato de gestión

Una alternativa a los fondos de inversión es dar un mandato de gestión a una entidad financiera, que puede ser un banco, una sociedad de valores o una sociedad de gestión de patrimonios, para que gestione nuestro capital en diferentes clases de activos. En tal caso, la entidad hará algo similar a lo que propongo en esta monografía, pero con un coste mucho más alto.

Tomemos como ejemplo el mandato de gestión de un conocido banco español. Me ha parecido interesante destacar algunos párrafos de la letra pequeña, en los que el banco se reserva el derecho a cobrar una amplia diversidad de comisiones y a modificarlas a discreción.

La condición general novena (Retribución al banco) dice lo siguiente: "Las partes podrán pactar como retribución a percibir por el Banco una comisión de gestión fija sobre el valor efectivo de la cartera gestionada, una comisión de gestión por beneficios o revalorización de la cartera, o una comisión mixta, relativa a ambos. Las tarifas pactadas podrán aplicarse conjuntamente o solo una de ellas. En el caso de que estén pactadas conjuntamente, las comisiones son complementarias."

El contrato indica que el banco cobrará con periodicidad trimestral si se ha pactado una comisión fija sobre el valor efectivo de la cartera o una vez al año en caso de comisión sobre el beneficio o revalorización de la cartera.

La comisión fija es un porcentaje sobre el valor efectivo de la cartera gestionada pero hay un mínimo en euros que puede hacer que la comisión porcentual efectiva sea más elevada que la previamente establecida.

A continuación, el contrato señala: "Adicionalmente el Banco tendrá derecho a percibir las demás comisiones y gastos que se generen por las operaciones y demás servicios que le pueda prestar el Banco sean o no inherentes a este contrato. Las mencionadas comisiones no podrán exceder las fijadas en el folleto informativo de Tarifas de la Entidad."

En el siguiente apartado, el banco se reserva el derecho a modificar las comisiones: "En el caso de que el Banco procediese a modificar las comisiones establecidas por los servicios prestados, procederá a comunicar dicha circunstancia por escrito al Titular, conforme al régimen establecido en la condición general séptima anterior." A su vez, dicha condición establece: "El Banco informará al Titular del importe de las comisiones y gastos percibidos por el Banco y satisfechos por el Titular. Serán a cargo del Titular todos los gastos de correo que se generen por el envío de cualquier documento que se realice por razón del presente contrato, e impuestos que se originen con motivo del nacimiento, cumplimiento o extinción de las obligaciones derivadas del presente contrato. Asimismo, si por el servicio de gestión o por los servicios auxiliares al mismo se generaran honorarios, comisiones, costes u otros gastos asociados no recogidos en el presente contrato, serán de cargo del Titular y el Banco le informará oportunamente."

Las comisiones aplicadas por los fondos de inversión están exentas del IVA, de acuerdo con el artículo 20.1 de la Ley del Impuesto sobre el Valor Añadido. En cambio, los servicios financieros, como los prestados por una entidad financiera en virtud de un mandato de gestión, sí están sujetos a este impuesto, a una tasa del 21%. Esto significa que si el conjunto de comisiones cobradas por la entidad es del 2,5% sobre el capital, se nos repercutirá un coste total del 3,025%.

4.6. La alternativa

Invertir a través de fondos de inversión o de un mandato de gestión puede suponer una importante merma de rentabilidad a largo plazo, debido a las altas comisiones. Sin embargo, existe una oferta creciente de fondos de bajo coste, muchos de los cuales tienen comisiones por debajo del 0,30% anual sobre el capital, llegando algunos incluso al 0,1%. La diferencia respecto al coste anual que supone un fondo de inversión de gestión activa o un mandato de gestión puede ser del 2% y hasta de casi el 3% anual. Esa diferencia es rentabilidad a nuestro favor, año tras año.

La mayoría de inversores que contrata un fondo lo hace en la sucursal de su banco, lo que supone aceptar las comisiones establecidas. Es mucho mejor buscar el fondo que más nos conviene y adquirirlo a través del servicio de intermediación *online* del propio banco.

5. ¿Son rentables los fondos de inversión?

¿Compensa pagar las elevadas comisiones de los fondos? En la tabla siguiente he recopilado información sobre rentabilidades medias de estos vehículos de inversión a partir de los informes de la Comisión Nacional del Mercado de Valores (CNMV).

Por ejemplo, en 2017 los fondos en renta fija obtuvieron una rentabilidad media de -0,13% y los fondos en "renta variable euro" (bolsa europea, incluida la española) ganaron de media un 11,16%.

La última columna indica la rentabilidad media de cada categoría en los diez años de 2008 a 2017. Por ejemplo, la rentabilidad media de los fondos de renta fija fue del 1,44% anual en dicho período.

Los fondos de renta fija mixta son fondos que invierten mayoritariamente en renta fija pero pueden tener hasta un 30% en renta variable. Los fondos de renta variable mixta invierten entre el 30% y el 75% de su patrimonio en renta variable y el resto en renta fija. Por tanto, pueden ser mayoritariamente de renta fija o mayoritariamente de renta variable.

Tipo de fondo	2008	2009	2010	2011	2012	2013	2014	2015	2016	2017	media anual
Renta fija	2,1	1,9	0,1	1,6	3,54	2,28	2,41	0,1	0,52	-0,13	1,44
Renta fija mixta	-7,1	6,9	-0,5	-1,3	4,95	4,16	3,67	0,16	0,27	1,1	1,16
Renta variable mixta	-22,2	16,5	-1	-5,6	7,83	10,85	4,7	0,15	1,19	3,23	1,04
Renta variable euro	-39,8	32,4	-2,9	-11,7	12,31	28,06	2,09	3,44	2,61	11,16	1,70
Renta variable internacional	-41,7	37,3	14,2	-10,8	13,1	20,3	6,61	7,84	4,15	8,75	3,75
Garantizado renta fija	3,3	3,8	-0,7	3,3	4,85	4,96	2,54	0,27	-0,03	0,72	2,28
Garantizado renta variable	-2,6	3,6	-1,8	0,1	5,07	6,15	2,64	1,07	0,19	1,61	1,57
Fondos globales	-8,6	10,9	3,2	-4,6	7,4	8,71	4,63	2,45	1,99	4,46	2,90
Tasa de inflación	1,4	0,8	3	2,4	2,9	0,3	-1	0	1,6	1,1	1,24

Rentabilidad media de los fondos de inversión supervisados por la CNMV, 2008-2017. Cifras en porcentaje.
Fuente: Informes anuales sobre los mercados de valores y su actuación (CNMV)

Se puede observar que cada año hay mucha diferencia en la rentabilidad de las diferentes categorías. En los años malos para la bolsa, la renta fija, a pesar de dar ganancias escasas, es mucho mejor que la renta variable. En cambio, en los mejores años para la bolsa, la ventaja es muy favorable para esta. Sin embargo, en el conjunto del período las diferencias se reducen de forma considerable. Asumir riesgos con fondos de inversión no parece aportar una rentabilidad adicional significativa, lo cual es una incongruencia.

Por otro lado, como vimos en el capítulo anterior, cuando la rentabilidad de un fondo está entre el 1% y el 2% anual, las comisiones se habrán comido entre un 50% y un 60% de nuestros beneficios al cabo de diez años.

Sin embargo, estos resultados, y otros similares que podemos encontrar en la prensa, no deben desanimarnos a invertir en fondos. En primer lugar, solo nos hablan de la media, que incluye buenos y malos fondos.

En segundo lugar, por lo que respecta a los que invierten en bolsa, la mayoría son de gestión activa, es decir, en los cuales los gestores intentan superar la rentabilidad del mercado comprando y vendiendo. Los fondos indexados superan la rentabilidad de la mayoría de fondos de gestión activa y tienen menos comisiones. Además, los fondos cotizados (ETFs) indexados tienen comisiones aún menores que los fondos indexados tradicionales. En la segunda parte, veremos varios ETFs que permiten invertir en bolsa a bajo coste y con buenos resultados. También veremos fondos cotizados indexados al oro.

Si nos preguntamos si vale la pena tener fondos de inversión, la respuesta es la siguiente: en lo que respecta a la renta fija, sí vale la pena si hacemos un esfuerzo por buscar fondos bien gestionados (capítulo 3 de la segunda parte); en lo que respecta a la bolsa, en general no vale la pena tener fondos de gestión activa pero los fondos indexados, ya sean tradicionales o cotizados, son muy útiles para asegurarnos una rentabilidad similar a la de los propios índices (capítulo 4 de la segunda parte); en cuanto al oro, los fondos indexados nos permiten invertir en el metal sin necesidad de poseerlo físicamente, lo que nos evita los elevados costes de transacción y de custodia que llevan aparejados estos activos (capítulo 5 de la segunda parte).

6. Dónde invertir

6.1. La diferencia entre ahorrar e invertir

Cuando alguien coloca su dinero en un depósito bancario o en una cuenta de ahorro, no invierte sino que obtiene (o intenta obtener) un rendimiento de su ahorro. Invertir significa comprar un activo con la intención de conseguir un beneficio. Es posible que el inversor ni siquiera tenga ahorros sino que haya obtenido sus recursos de un crédito. Es decir, no todos los ahorros se invierten ni todo lo que se invierte procede del ahorro.

Existen dos grandes clases de activos: los reales y los financieros.

6.2. Los activos reales

Los activos reales son bienes tangibles que se adquieren como depósito de valor o con la intención de ser revendidos a un precio superior. Aquí se incluyen los bienes inmuebles, las materias primas industriales y agrícolas, los metales preciosos (oro, plata, platino) y los objetos de colección.

Desde 2013 es posible invertir en bienes inmuebles sin necesidad de adquirir una propiedad gracias a las SOCIMIs (Sociedades Cotizadas Anónimas de Inversión en el Mercado Inmobiliario), cuyas acciones cotizan en bolsa. Estas sociedades deben tener al menos el 80% de su cartera de activos destinada al alquiler y tienen la obligación de distribuir a sus accionistas en concepto de dividendos el 80% de los ingresos procedentes de los alquileres y la mitad de las plusvalías obtenidas con la venta de activos. Las dos mayores "socimis" de España son Merlin Properties e Inmobiliaria Colonial y ambas forman parte del índice IBEX 35. En Estados Unidos existen, ya desde 1960, sociedades similares, denominadas REITs (*Real Estate investment Trusts*), muchas de las cuales han tenido rendimientos interesantes para los inversores. En Canadá estos vehículos de inversión existen desde 1993 y en Alemania y el Reino Unido, desde 2007. A pesar de su interés para un inversor conservador, la inversión en rentas inmobiliarias no se contempla en esta monografía debido a la ausencia de una serie histórica suficientemente extensa en España, donde, por desgracia, la inversión inmobiliaria ha acostumbrado a ir asociada a la especulación.

El único activo real que consideraremos es el oro, debido a sus interesantes características. En la segunda parte veremos que tampoco es necesario adquirir oro físico para invertir en el metal precioso gracias a los fondos cotizados.

6.3. Los activos financieros

Son activos que dan derecho a un ingreso futuro a cambio de ceder dinero a un tercero. Podemos dividirlos en tres clases:

1) Títulos de renta fija.

Representan una deuda de un tercero: títulos de deuda del Estado, de un gobierno local o de una empresa privada.

Cuando el deudor (el gobierno, la empresa, el banco...) se compromete a devolvernos el dinero en un plazo inferior a 18 meses, decimos que los títulos de deuda tienen vencimiento a corto plazo. Se denominan activos monetarios, activos del mercado monetario o títulos de renta fija a corto plazo. Aquí se incluyen las Letras del Tesoro Público, que se emiten con plazos entre 3 y 18 meses, y los pagarés de empresa, que se emiten con plazos entre una semana y 18 meses.

Son considerados equivalentes al dinero, porque pueden ser convertidos en efectivo en un plazo de tiempo relativamente breve sin apenas riesgo de pérdida de capital, ya que tienen pocas fluctuaciones de mercado. Si se mantienen hasta el vencimiento se recupera la inversión inicial.

Antes de 2005, los fondos de inversión que invertían únicamente en este tipo de activos se denominaban Fondos de Inversión en Activos del Mercado Monetario. Eran conocidos como fondos monetarios o fondos de dinero porque se consideraba (y se sigue considerando) que los títulos de deuda a corto plazo son equivalentes al dinero. Desde 2005 se conocen como fondos de renta fija a corto plazo.

Cuando el vencimiento es superior a dos años, los títulos de renta fija se consideran a largo plazo. En el mundo anglosajón se conocen como *bonds*. En España, los títulos del Estado emitidos a plazos de 3 y 5 años se denominan bonos y los emitidos a más de 10 años, obligaciones, por una simple convención.

Muchos inversores creen que los títulos de renta fija no varían de precio, lo cual no es cierto: pueden causar plusvalías o minusvalías. Por ejemplo, si he comprado una obligación a 10 años por un valor nominal de 1.000 € que da un interés del 3% anual y al año siguiente las nuevas obligaciones dan un interés del 4% anual, mi título valdrá menos de 1.000 €. Al contrario, si he comprado con un interés del 4% y el interés de mercado baja al 3%, mi título valdrá más. Cuanto mayor es el plazo hasta el vencimiento, mayores pueden ser las variaciones de precio, tanto al alza como a la baja.

Los títulos a corto plazo experimentan pocas variaciones, de ahí que sean considerados de bajo riesgo (cuanto menor es el plazo, menor es el riesgo).

Es decir, los títulos de renta fija no son "títulos de precio fijo". Eso sí, si se conservan hasta el vencimiento, se recibe el valor nominal del título y no se experimentan pérdidas.

Por otro lado, los títulos de renta fija se llaman así porque pagan una renta constante o con un patrón preestablecido, no porque tengan necesariamente un interés fijo. La denominación de "renta fija" hace referencia a que los intereses están determinados por anticipado. Por ejemplo, un título puede tener un interés igual al euribor más un 2%. Como el euribor varía según las condiciones de mercado, dicho título tendrá un interés variable.

Las empresas pueden emitir diferentes clases de deuda según el tipo de compromiso que adquieren a la hora de pagar los intereses y devolver el nominal. Cuando el compromiso es firme, los títulos emitidos se conocen como deuda senior o bonos senior. Son la deuda de mayor calidad. Cuando el compromiso está condicionado al pago de todas las emisiones de bonos senior, o al cumplimiento de determinadas condiciones, la deuda se denomina junior o subordinada. La deuda subordinada puede tener un interés bastante más alto que la senior, debido a que suele considerarse de alto riesgo. Cuando oigas hablar de "deuda de alto rendimiento", debes saber que es un eufemismo para referirse a este tipo de deuda. Cuando oigas a hablar de deuda basura, se están refiriendo a lo mismo pero de modo peyorativo, aunque no toda la deuda subordinada merezca tal calificativo.

2) Acciones ordinarias.

A diferencia de los títulos de renta fija, las acciones ordinarias son títulos de propiedad. Dan derecho a participar en los beneficios de una empresa, por lo que se les denomina a veces instrumentos de capital. Se conocen también como títulos de renta variable porque pagan una renta, llamada dividendo, que varía en función del nivel de resultados de la empresa.

Las acciones son al mismo tiempo activos financieros y activos reales. Son activos financieros porque dan derecho a ingresos futuros y son activos reales porque representan un derecho de propiedad. Al comprar una acción, compras una parte de los activos de una empresa, pero netos de las deudas.

Además de las acciones ordinarias, existen las acciones preferentes, una terminología que se presta a confusión pues hay otro tipo de acciones preferentes que son títulos de renta fija, como veremos un poco más adelante.

Las acciones preferentes a las que me refiero ahora son en realidad acciones ordinarias sin derecho a voto pero que, en contrapartida, tienen preferencia en el cobro de dividendos si los beneficios son insuficientes para remunerar a todos los accionistas, un dividendo un poco más alto y preferencia en caso de liquidación de la sociedad. Las empresas que emiten este tipo de acciones intentan protegerse de inversores hostiles que puedan adquirir participaciones de control para ejercer sus derechos de voto e influir en la sociedad de formas no deseadas por los actuales administradores.

3) Activos híbridos.

Tanto los títulos de deuda como las acciones se consideran activos porque para el inversor que los adquiere representan un derecho de cobro. Hay otra categoría de activos financieros que tienen características propias de los títulos de deuda y de las acciones, por los que se los denomina híbridos entre deuda y capital. Su rasgo común es que la empresa que los emite se compromete, en principio, a pagar una renta (intereses o dividendos) pero no necesariamente a devolver el valor nominal de los títulos. Se trata principalmente de los siguientes activos:

a) Bonos convertibles en acciones. Son títulos que funcionan como un título de renta fija durante unos años pero al vencimiento se convierten en acciones de la empresa que los ha emitido. Así, la empresa no devuelve la deuda sino que emite nuevas acciones para amortizarla. Esto no le cuesta nada pero reduce el valor de las acciones ya existentes porque los beneficios futuros tendrán que repartirse entre un mayor número de títulos.

b) Bonos subordinados. El pago de los intereses de estos bonos está subordinado o condicionado (de ahí su nombre) al pago de los intereses y del valor nominal de la deuda de más calidad. Algunos bonos subordinados no tienen vencimiento, es decir, son deuda perpetua, de modo que la empresa nunca tiene que devolver el dinero prestado, aunque puede amortizar todos o parte de los títulos, o sea, recomprarlos en el mercado y saldar la deuda, total o parcialmente, si así lo desea. Sin embargo, comprar títulos perpetuos no implica despedirse del dinero para siempre, pues estos pueden venderse en el mercado.

c) Acciones o participaciones preferentes. Las acciones preferentes que entran en la categoría de activos híbridos poco tienen que ver con las que hemos visto antes, salvo en que tienen preferencia en el cobro respecto a las acciones ordinarias. Se las denomina también participaciones preferentes y sería mejor llamarlas siempre así para no confundirlas con las otras acciones preferentes. Las participaciones preferentes son un híbrido entre acciones ordinarias y títulos de renta fija. Aquí la renta fija no es un interés sino un dividendo, que está condicionado a la obtención de beneficios por parte de la empresa.

6.4. Solo hay un producto y un activo libres de riesgo

El único producto financiero libre de riesgo es una cuenta de ahorro o un depósito tradicional en una entidad financiera. Y esto hasta cierto punto, pues si la entidad se vuelve insolvente podemos perder los ahorros no cubiertos por el fondo de garantía de depósitos vigente en el país donde esté depositado el dinero.

En España, el Fondo de Garantía de Depósitos de Entidades de Crédito garantiza "los depósitos en dinero y en valores u otros instrumentos financieros constituidos en las entidades de crédito, con el límite de 100.000 euros para los depósitos en dinero o, en el caso de depósitos nominados en otra divisa, su equivalente aplicando los tipos de cambio correspondientes", tal como afirma la propia institución.

Por depósitos tradicionales me refiero a aquellos en los cuales el cliente sabe de antemano lo que va a ganar en un período determinado y no a aquellos que están vinculados al cumplimiento de una determinada condición o a la evolución de cierto activo financiero, que entran dentro de la categoría de productos estructurados.

En cuanto a los únicos activos financieros totalmente seguros, se trata de los títulos de deuda del Estado a corto plazo, salvo el improbable caso de quiebra del Estado. Los títulos de deuda pública a largo plazo fluctúan de precio en función de cómo varían los tipos de interés, por lo que tienen riesgo de mercado. En cambio, los títulos a corto plazo experimentan escasas variaciones de precio, de aquí que la deuda pública a corto plazo se considere como el activo con menor riesgo, tanto de emisor como de mercado.

La deuda emitida por gobiernos locales es también deuda pública, pero a menudo se reserva esta última denominación a los títulos emitidos por el gobierno central. La deuda emitida por un gobierno central se conoce también como deuda soberana para diferenciarla del resto de la deuda de las administraciones públicas.

Hay que tener en cuenta que si tenemos títulos de deuda pública de un país que se declara insolvente, la pérdida no se hallará cubierta por el Fondo de Garantía ya que este cubre el riesgo de insolvencia de la entidad de crédito donde están depositados dichos títulos, hasta el límite indicado, pero no el riesgo de insolvencia de los emisores de los títulos.

El cuadro siguiente resume lo que podemos hacer en el ámbito de los activos financieros, expresado en lenguaje corriente y en lenguaje financiero. También podemos ver en qué mercado podemos comprar cada tipo de activo. La deuda emitida por un gobierno central se compra en la Bolsa, al igual que las acciones. En cambio, el resto de títulos de renta fija se negocia en el mercado de renta fija o AIAF (Asociación de Intermediarios en Activos Financieros).

Lenguaje corriente	Lenguaje financiero	Mercado
Prestar al gobierno central	Comprar deuda pública o deuda soberana	Bolsa
Prestar a un gobierno local	Comprar deuda de administraciones locales	AIAF
Prestar a una empresa y ser acreedor preferente	Comprar deuda corporativa senior	AIAF
Prestar a una empresa y ser el acreedor con menor preferencia	Comprar bonos subordinados	AIAF
Prestar a una empresa y que esta te devuelva acciones	Comprar bonos convertibles	AIAF
Comprar una participación variable en los beneficios de una empresa	Comprar acciones ordinarias	Bolsa
Comprar una participación fija en los beneficios de una empresa	Comprar participaciones preferentes	AIAF

6.5. La escala del riesgo

La deuda emitida por un gobierno local, como un ayuntamiento, una comunidad autónoma, etc., suele tener un grado superior de riesgo al de la deuda soberana, aunque no siempre, pues a veces un gobierno local puede tener mejor calidad crediticia que la propia administración central. Este mayor nivel de riesgo percibido se traduce en un interés más alto. El siguiente cuadro ordena los activos financieros de menor a mayor riesgo.

Renta fija	Deuda del sector público	Deuda del gobierno central
		Deuda de gobiernos locales
	Deuda corporativa	Deuda corporativa senior
		Deuda corporativa subordinada
		Bonos convertibles en acciones
Renta variable	Acciones	Participaciones preferentes
		Acciones preferentes
		Acciones ordinarias

La renta fija abarca desde la deuda del gobierno central (deuda soberana) hasta las participaciones preferentes. Estas se han englobado bajo la categoría de acciones porque pagan un dividendo. La renta variable incluye únicamente las acciones ordinarias y las acciones preferentes cuando estas son en realidad acciones ordinarias sin derecho a voto pero con derechos preferenciales.

Esta escala del riesgo es cierta para emisores solventes. Si hablamos, por ejemplo, de un gobierno insolvente y corrupto, la escala puede invertirse: es mucho más seguro comprar acciones de empresas solventes que bonos de ese gobierno. Si compramos deuda corporativa emitida por empresas de baja solvencia, las acciones de una empresa solvente también serán activos más seguros que esa deuda.

La escala del riesgo nos permite identificar productos sospechosos. Imaginemos que quieren vendernos un producto "sin riesgo" y que tiene un rendimiento superior al de la deuda corporativa subordinada, un activo de alto riesgo. Esta incongruencia debería ponernos sobre aviso.

6.6. ¿Vale la pena invertir en renta fija?

Los bajos intereses actuales de la renta fija hacen que muchos se pregunten si vale la pena invertir en este tipo de títulos. En efecto, si inviertes todo tu capital en títulos de renta fija, obtendrás una rentabilidad insuficiente. Sin embargo, si tienes una parte de tu capital invertida en renta fija y otra en acciones, la renta fija te aportará dos ventajas.

La primera, una menor volatilidad de tu capital. En los años buenos para la bolsa, ganarás menos que si lo tienes todo invertido en acciones, pero en los años malos para la renta variable perderás menos.

La segunda ventaja es que la renta fija se revaloriza en términos relativos frente a la bolsa cuando esta cae, si tienes la pauta de invertir parte de la renta fija en acciones cuando disminuye el riesgo relativo de la bolsa. A largo plazo puede ser más rentable tener la mitad del capital en bolsa y la otra mitad en renta fija que tenerlo siempre en bolsa.

Lo que es importante es saber diferenciar bien los diferentes títulos de renta fija disponibles en el mercado. Un inversor conservador debería evitar invertir por su cuenta en bonos subordinados y todos aquellos títulos que entren en la categoría de "híbridos" ya que, a pesar de su consideración de renta fija pueden tener un riesgo mucho mayor que las acciones de calidad. Ya hemos conocido varios casos de bonos subordinados y participaciones preferentes que han perdido todo su valor.

Si se quiere invertir en títulos de esta categoría, es mejor hacerlo a través de un fondo de inversión especializado. Se los conoce como fondos de renta fija de alto rendimiento o *high yield* (que significa lo mismo en inglés). Al estar muy diversificados, el riesgo de cada emisión queda muy diluido, de modo que es una forma más segura de aprovechar esos rendimientos. En la segunda parte hablaremos más de este tema.

6.7. ¿Vale la pena invertir en bolsa?

Si en el caso anterior la pregunta venía motivada por los bajos rendimientos de la deuda de calidad, en este caso se suscita por el alto riesgo asociado a las acciones.

La respuesta es similar a la ofrecida en el apartado anterior. Si lo inviertes todo en bolsa, tu capital puede experimentar fluctuaciones mayores de las que estás dispuesto a aceptar, lo cual puede llevarte a cometer errores en los peores momentos, como vender en las fases más bajas del ciclo, sobre todo si necesitas liquidez justamente cuando la bolsa se sitúa bajo mínimos.

Sin embargo, si diversificas tu capital en acciones y en renta fija, tu capital sufrirá menos altibajos y tendrás mayor liquidez, lo que evitará que malvendas las acciones en caso de que necesites disponer de efectivo.

Por otro lado, tendrás la oportunidad de incrementar tus posiciones en acciones cuando estas bajen de precio: aprovecharás los ciclos bajistas en vez de ser víctima de ellos.

De hecho, si quieres obtener rentabilidad necesitas tener acciones, pues son el único activo que te proporcionará rentabilidad a largo plazo. Si además diversificas en bolsas de diferentes países y evitas comprar en los momentos más altos del ciclo, la ganancia está asegurada.

7. La forma más práctica de invertir

7.1. Los fondos indexados

En el primer capítulo comenté que actualmente todo el mundo puede autogestionarse sus inversiones gracias a la intermediación *online* y a los fondos indexados.

Los fondos indexados se denominan también de gestión pasiva porque se limitan a replicar un índice, un activo o una combinación de activos. Si, por ejemplo, el índice DAX de la bolsa alemana tiene una rentabilidad del 15% en un año determinado, un fondo indexado al DAX tendrá la misma rentabilidad menos las comisiones de dicho fondo.

Los fondos indexados pueden ser cotizados (ETFs, de las siglas *Exchange-Traded Fund*, que significa "fondo cotizado en bolsa") o no cotizados. Me referiré a estos últimos como tradicionales. En la bolsa española, en la fecha actual (agosto de 2018) solo se pueden negociar ocho ETFs: básicamente, tres indexados al IBEX 35 y uno al Eurostoxx 50 (los otro cuatro son diferentes versiones de los otros tres ETFs sobre el IBEX). Sin embargo, a través de la banca electrónica u otros intermediarios digitales podemos comprar centenares de ETFs cotizados en bolsas extranjeras.

7.2. La normativa UCITS

La normativa UCITS (*Undertakings for Collective Investment in Transferable Securities,* acuerdo sobre organismos de inversiones colectivas en valores mobiliarios) es un conjunto de directivas europeas que establecen los requisitos que debe cumplir un fondo de inversión para poder ser distribuido en cualquier país miembro de la Unión Europea. La primera directiva UCITS data de 1985 y la más reciente, la quinta, de 2014. Los fondos que cumplen esta normativa son conocidos como "fondos UCITS" o "fondos armonizados".

El conjunto de directivas UCITS determina elevadas exigencias en materia de protección al inversor, por ejemplo en temas de diversificación de riesgos, controles internos y conflictos de interés. En cuanto a información al inversor, la cuarta directiva fijó la obligatoriedad de proporcionar un documento informativo completo denominado *Key Investor Information Document* (KIID) o Documento de Datos Fundamentales para el Inversor, que sustituye al folleto simplificado.

Para encontrar este documento para un fondo en concreto, podemos escribir en un buscador de internet el nombre de fondo y las siglas KIID. En fondos no domiciliados en España pero que pueden ser adquiridos en España, el documento suele estar disponible en español. No todos los fondos que proporcionan este documento son necesariamente UCITS. Algunos son "UCITS *eligible*", lo que significa que no cumplen la normativa UCITS pero pueden ser adquiridos por otros fondos que sí la cumplen.

La quinta directiva establece un régimen en virtud del cual los depositarios de un fondo deben responder ante cualquier pérdida de los activos bajo custodia y restituirla al inversor, incluso si la custodia ha sido delegada en una tercera parte, y establece fuertes sanciones en caso de administración desleal.

Los fondos UCITS tienen además la ventaja fiscal que detallo en el siguiente apartado. Es recomendable, pues, optar por fondos que cumplen esta normativa. Se les reconoce porque llevan las siglas UCITS o la palabra "armonizado" después del nombre.

7.3. Las ventajas de los fondos indexados

Los fondos indexados tradicionales y los cotizados tienen la misma naturaleza jurídica. Pero hay importantes diferencias, que paso a explicar:

a) Fiscalidad.

Los fondos de inversión tradicionales españoles, y los europeos que son UCITS, tienen un mejor tratamiento fiscal que los fondos cotizados, aunque estos sean UCITS. Las plusvalías obtenidas con los dos primeros no tributan si son reinvertidas en otro fondo domiciliado en España o en otro fondo europeo que sea UCITS. En cambio, un fondo cotizado tributa igual que un activo financiero, es decir, las plusvalías obtenidas en caso de venta quedan sujetas a la base imponible del ahorro del impuesto de la renta.

A partir de 2016, el tipo impositivo sobre las ganancias del ahorro (netas de comisiones) es del 19% hasta 5.999 €, del 21% entre 6.000 € y 49.999 € y del 23% a partir de 50.000 €. Por ejemplo, si la ganancia es de 10.000 €, se aplica un 19% sobre los primeros 5.999 € y un 21% sobre 4.001 €, lo que da una tasa impositiva media del 19,8%.

En el momento de escribir estas líneas (agosto de 2018) se da la situación curiosa siguiente: si un inversor residente en España compra un ETF que sea UCITS en una bolsa extranjera, este fondo cotizado tributa igual que un fondo tradicional, es decir, las plusvalías realizadas, en caso de haberlas, no tributan si se reinvierte el producto de la venta en otro fondo UCITS o en otro ETF UCITS cotizado en una bolsa que no sea la española. Obviamente, el gestor de la bolsa española, BME, reclama el mismo tratamiento para los ETFs cotizados en el país. Habrá que estar atentos a posibles cambios legislativos en este aspecto.

b) Comisiones.

Las comisiones de gestión de los fondos indexados son bastante inferiores a las de los fondos de gestión activa porque requieren una menor intervención por parte de los gestores y porque carecen de comisión sobre resultados. Los fondos de gestión activa que obtienen buenos resultados en un año determinado pueden cobrar elevadas comisiones pero a largo plazo la gran mayoría de estos fondos obtiene una rentabilidad inferior a la del mercado. Esto significa que, desde una perspectiva de largo plazo, la práctica totalidad de comisiones de éxito cobradas son injustificadas.

En el caso de los fondos vinculados a un índice de bolsa, un fondo tradicional puede tener unas comisiones de gestión y depositaría del 2,45% anual sobre el capital mientras que las de un fondo indexado tradicional están en torno al 1% anual y las de un ETF están a menudo por debajo del 0,3% anual.

En el momento de suscribir un fondo tradicional puede haber una comisión de suscripción y en el momento de vender participaciones, una comisión de reembolso, pero es habitual que no se apliquen. En cambio, al comprar y vender un ETF siempre habrá que pagar una comisión al *broker* y los cánones de bolsa a BME (Bolsas y Mercados Españoles), que en ambos casos son iguales que para las acciones. A pesar de que los ETFs comprados en bolsas extranjeras tienen la ventaja fiscal antes comentada, las comisiones de compraventa que nos aplica el *broker* son más altas (a menudo lo son bastante más) que las aplicadas sobre los pocos ETFs cotizados en España.

Por ejemplo, un *broker* aplica una comisión de 3,95 € para la compra y la venta de un ETF español para operaciones de hasta 2.000 € y de 8 € para importes entre 2.000 € y 60.000 €, mientras que para los ETFs negociados en las principales bolsas extranjeras la comisión es de 20 € para operaciones de hasta 40.000 €. En la comisión de custodia hay poca diferencia: un 0,04% trimestral para ETFs nacionales y un 0,05% trimestral para ETFs extranjeros, en ambos casos con un mínimo de 6 € por clase de valor.

El canon de negociación que hay que pagar a BME varía según el importe de la operación. Por ejemplo, de 300 € a 3.000€, el canon es de 2,45 € más el 0,024% del importe; de 3.000 € a 35.000 €, es de 4,65 € más el 0,012%. Hay que añadir el canon de BME Clearing (0,11 € por operación).

c) Transparencia de precios.

Cuando un inversor compra o vende un fondo cotizado, sabe a qué precio realiza la operación, pues se le aplica la cotización que haya en ese instante. Incluso puede dar una orden para comprar o vender a determinado precio. Además, ese precio coincidirá con el valor liquidativo del fondo en el momento de la operación (el valor liquidativo es el patrimonio del fondo dividido por el número de participaciones). En cambio, a un inversor que adquiere o vende un fondo tradicional se le aplica el valor liquidativo de cierre.

d) Liquidez.

Un fondo cotizado suele tener liquidez inmediata, en el sentido que puede ser adquirido o vendido por el propio inversor directamente en el mercado en cualquier momento de la sesión bursátil (de las 9h a las 17h30) a un precio conocido y a tiempo real. De hecho, es posible comprar y vender un fondo cotizado varias veces al día. Para comprar o vender un fondo tradicional, en cambio, hay que dar una orden de compra o venta a nuestro intermediario y, como he comentado, se nos aplicará el valor liquidativo de cierre.

Por ejemplo, supongamos que un día determinado el IBEX 35 cotiza a las 11 de la mañana a 10.000 puntos y cierra la sesión a 9.700 puntos y que un inversor vende un fondo indexado al IBEX 35 a las 11 de la mañana. Si se trata de un fondo cotizado, el inversor venderá realmente a 10.000 puntos, pues el valor liquidativo será igual al patrimonio del fondo calculado con los precios de las acciones del IBEX 35 a las 11 de la mañana. Si se trata de un fondo tradicional, al inversor se le aplicará el valor liquidativo correspondiente al IBEX a 9.700 puntos, de modo que el inversor habrá perdido un 3% respecto al precio que había en el momento de dar la orden.

e) Dividendos.

Los fondos cotizados indexados a un índice bursátil a menudo dan dividendos mientras que los fondos tradicionales suelen reinvertir los dividendos en el propio fondo.

7.4. Dónde comprar fondos indexados

En España existen varias entidades financieras a través de las cuales disponemos de una amplia oferta de fondos indexados tradicionales y cotizados. Alguna de estas entidades afirma ofrecer más de 1800 ETFs, otra más de 500, etc. No es tanto la cantidad de la oferta lo que importa sino que esta se ajuste a nuestras necesidades y que las comisiones sean las más apropiadas para nuestro nivel de capital. Algunas de las plataformas a disposición del inversor particular son las siguientes:

* Broker Now, de CaixaBank
* Broker Naranja, de ING Direct
* Bankinter Broker
* Openbank, del Banco Santander
* Self Bank
* Renta 4

Segunda parte:

El mapa del ahorro

1. Depósitos y activos monetarios: la liquidez

1.1. El dinero y sus equivalentes

El modo más tradicional de obtener un rendimiento al dinero es abrir una cuenta de ahorro o un depósito a plazo. Esto no es propiamente invertir porque no implica la compra de un activo.

La característica principal de estas modalidades de ahorro es que el dinero está disponible a corto plazo, según lo que se entiende por corto plazo en el mundo financiero: un máximo de 18 meses. Está claro que un ahorrador que contrata un depósito a doce meses y que al cabo de un mes necesita retirar su dinero, no le parece que esperar once meses sea un plazo "corto". El corto, el medio y el largo plazo son términos convencionales que se usan en los mercados para delimitar las clases de activos. De todas formas, suele existir la posibilidad de cancelación anticipada o de solicitar un crédito garantizado por el propio depósito, con escaso diferencial respecto al interés de este.

Así como la enajenación de un activo siempre implica un riesgo de pérdida porque el precio de venta puede estar por debajo del de compra, retirar dinero de una cuenta a plazo está exento de ese riesgo, salvo que el banco nos haya impuesto una penalización en caso de cancelación anticipada. Por eso se dice que un depósito tiene elevada liquidez, lo que significa que puede ser convertido en dinero sin riesgo de pérdida.

Hasta octubre de 1982, la única forma de que el dinero fuera productivo (es decir, generara intereses) y al mismo tiempo fuera de fácil disponibilidad era precisamente tener una cuenta de ahorro o un depósito a plazo. En aquella fecha, la empresa ENHER emitió el primer pagaré en España. Acababa de nacer en el país el primer activo monetario.

Un activo monetario es un activo emitido por una administración pública o una empresa que vence a corto plazo, es decir, antes de 18 meses desde la fecha de adquisición, por lo que se considera equivalente a un depósito a plazo.

En junio de 1987 el Estado español creó otro activo monetario, las Letras del Tesoro, como medio de financiar la deuda pública. En ese momento, las opciones para un ahorrador se ampliaron considerablemente: podía abrir una cuenta de ahorros o un depósito a plazo en el banco, prestar su dinero a una empresa o prestárselo al Estado.

Actualmente existen Letras del Tesoro con vencimientos a 3, 6, 9, 12 meses. Todas ellas son activos monetarios o títulos de renta fija a corto plazo.

Los pagarés y las Letras se consideran activos monetarios por dos razones. La primera, porque el dinero invertido en la compra del activo se recupera en un plazo de tiempo relativamente corto. La segunda, porque al tener un vencimiento tan corto, el precio de mercado del activo varía poco, de modo que este puede ser vendido con escaso riesgo de sufrir una pérdida de capital. Es decir, prácticamente las mismas características que ofrece un depósito a plazo.

Los pagarés de empresa y las Letras del Tesoro tienen en común, ademas de su vencimiento a corto plazo, que se emiten al descuento. Un título emitido al descuento no paga, propiamente dicho, intereses, si no que se vende por un precio inferior al cual se amortiza. Es decir, se trata de un interés implícito, mientras que los bonos y las obligaciones sí pagan intereses (tienen intereses explícitos).

Un bono a cinco años que fue emitido hace cuatro años también es un activo monetario, porque solo le falta un año para su vencimiento. Es decir, un activo se considera monetario si le quedan menos de 18 meses para su vencimiento, aunque en el momento de su emisión fuera una obligación emitida con un vencimiento a largo plazo. Por ejemplo, una obligación a 30 años será un activo monetario cuando falten menos de 18 meses para su vencimiento. Sin embargo, no por ello se convertirá en un título al descuento. Seguirá pagando intereses hasta el vencimiento.

1.2. El riesgo de mercado de los activos monetarios

El riesgo de mercado de los títulos de deuda es el riesgo a perder si se vende el título antes del vencimiento. Cuanto menor es la vida de un título, menor es su riesgo de mercado. Los activos monetarios o a corto plazo fluctúan de precio, tanto al alza como a la baja, al igual que todos los activos financieros, pero se caracterizan por ser los activos cuyo precio tiene menos variaciones.

Imagina que compras un título por 970,87 € que te devuelve 1.000 € al cabo de un año. O sea, el precio de adquisición es de 970,87 € y el valor nominal es de 1.000 €. El interés implícito es del 3% porque 970,87 más un 3% es igual a 1.000. Si conservas el título hasta el vencimiento (un año), obtendrás un rendimiento del 3% y ninguna minusvalía ni ninguna plusvalía.

Si necesitas vender tu título antes del vencimiento (por ejemplo, al cabo de seis meses), pueden ocurrir tres cosas:

1) El interés de los nuevos títulos a un año sigue siendo del 3%. En tal caso, venderás tu título a un precio tal que tenga un rendimiento implícito del 1,5%, pues ahora le quedan seis meses para el vencimiento. Por tanto, el precio de venta será de unos 985,33 € (en realidad, debido al interés compuesto, el rendimiento implícito sería de alrededor del 1,49%). Tú habrás obtenido un rendimiento del 1,49% y el comprador del título también obtendrá un rendimiento similar (1.000 € dividido por 1,0149 es aproximadamente igual a 985,33 €).

2) El interés de los nuevos títulos a un año se incrementa, por ejemplo al 4%. El comprador valorará tu activo con las nuevas condiciones de mercado. En lenguaje financiero, descontará tu título a un interés del 4% anual o, lo que es lo mismo, aplicará a tu título un factor de descuento del 4% anual. Como quedan seis meses para el vencimiento, el factor de descuento será de aproximadamente el 1,98% (porque 1,0198 x 1,0198 = 1,04). O sea, el valor nominal del título (1.000 €) ya no se descontará al 1,49% sino al 1,98%. El precio de mercado de tu título será, pues, igual a 1.000 € dividido entre 1,0198, que es 980,58 €. Tu ganancia respecto al precio que pagaste (970,87 €) es justo del 1%. Pero eso no significa que has obtenido un rendimiento del 1% sino que tu rendimiento ha sido del 1,49% y que has sufrido una minusvalía del 0,49%. Si el interés de mercado no hubiera subido, habrías podido vender tu activo a 985,33 € (1.000 € descontados al 1,49%) mientras que lo has tenido que vender a 980,58 € (1.000 € descontados al 1,98%). Y 980,58 € es aproximadamente un 0,49% menos que 985,33 € (el redondeo de las cifras hace que los porcentajes no coincidan exactamente).

3) El interés de los nuevos títulos a un año disminuye, por ejemplo al 2%. Se sigue el mismo procedimiento que en el caso anterior pero con un factor de descuento de prácticamente el 1% (0,995% para ser exactos). El valor de tu título sería de 1.000 € dividido por 1,00995, o sea unos 990,15 €. Como pagaste 970,87 €, tu ganancia es del 1,985%, compuesta de un rendimiento del 1,49% y de una plusvalía del 0,495%.

Una variación del 1% en el interés de merado a un año en el espacio de seis meses es un cambio considerable. A pesar de ello, la minusvalía potencial es reducida. Por ello se considera que los títulos de renta fija a corto plazo tienen un riesgo de mercado muy bajo, de aquí que se les considere equivalentes al dinero, motivo por el cual se les denomina activos monetarios.
Los títulos de renta fija a largo plazo también se pueden vender rápidamente en el mercado. Desde este punto de vista, son mucho más líquidos que un bien inmueble, que puede tardar meses o años en venderse desde que sale al mercado.
Pero la liquidez hace referencia a otro aspecto fundamental: la posibilidad de vender rápidamente sin minusvalías o al menos sin que estas sean significativas. Los títulos de renta fija a largo plazo pueden causar minusvalías tanto mayores cuanto más tiempo falte para su vencimiento porque cuanto mayor es la cantidad de rentas futuras, mayor es la pérdida de valor de las mismas, y por tanto del título, cuando aumenta el tipo de interés de mercado. Por eso, aunque esos títulos pueden ser convertidos rápidamente en dinero, se consideran menos líquidos que los activos monetarios. En contrapartida, a mayor plazo de vencimiento, mayor posibilidad de plusvalía si baja el tipo de interés de mercado.

1.3. El valor estratégico del dinero

Hoy en día, a un inversor particular no le sale a cuenta comprar activos monetarios porque el interés de estos es negativo. Si se quiere tener una porción del patrimonio completamente exenta de riesgo, el rendimiento de esa parte del capital será nulo.

Sin embargo, el valor del dinero depende de lo que puede comprar. Imagina que tienes 500 € en una cuenta corriente y que hoy determinado modelo de teléfono móvil vale esa misma cantidad. Decides esperar un año para comprarlo. Si al cabo de un año, ese mismo teléfono vale 400 €, el poder adquisitivo de tu dinero habrá aumentado un 20%. También podríamos decir que tu ahorro ha generado un rendimiento en términos reales del 20%. Ahora trasladamos esa misma idea al mundo de la inversión. Si tienes un capital de 10.000 € e inviertes 5.000 € en acciones y guardas los otros 5.000 € en una cuenta de ahorro, pueden ocurrir dos cosas. La primera, que la cartera de acciones se revalorice. En tal caso, obtendrás un beneficio pero, en contrapartida, ganarás la mitad de lo que habrías ganado si lo hubieras invertido todo. La segunda, que la bolsa baje, en cuyo caso tendrás pérdidas, aunque la mitad de las que habrías tenido si lo hubieras invertido todo, y por otro lado, el valor del dinero que tienes en la cuenta de ahorro se revalorizará porque podrás comprar más acciones que al principio. Por este motivo, el hecho de que el dinero tenga un rendimiento nulo no implica que sea mejor gastarlo inmediatamente. Utilizado con sentido estratégico, tiene un gran valor. En la tercera parte veremos la rentabilidad de un capital invertido en bolsa y en activos monetarios en diferentes proporciones.

1.4. El rendimiento del dinero en España

Las tabla siguiente indica el interés a doce meses en España entre 1978 y 2017, antes y después de un impuesto del 20%. Se puede observar cómo han caído los tipos de interés del ahorro en este período de 40 años. En la mayor parte de la década de 1980 era posible obtener más de un 10% anual. Sin embargo, no era una situación envidiable: la inflación solía ser más alta aún.

En 1978 el interés era del 9,8% pero la inflación fue del 16,5% al cabo del año, de modo que el interés real después de impuestos fue negativo en más de un 7%. El interés real continuó siendo negativo, aunque en menor medida que en 1978, hasta 1982 inclusive. La "época dorada" para el ahorro sin riesgo tuvo lugar entre 1988 y 1996, cuando el interés real neto fue generalmente superior al 3% anual, alcanzándose máximos de casi el 6% en 1991 y 1993.

A partir de 1999, el interés real neto ha sido negativo en la mayoría de años y solo ha estado entre el 1% y el 2% en 2008, 2013 y 2014.

En el siguiente capítulo compararemos el rendimiento neto medio de los activos monetarios en España con el del dólar y el franco suizo.

Año	Interés a 12 meses		Año	Interés a 12 meses	
	bruto	neto		bruto	neto
1978	9,8%	7,82%	1998	4,4%	3,52%
1979	11,1%	8,86%	1999	2,9%	2,31%
1980	11,6%	9,29%	2000	3,8%	3,06%
1981	12,0%	9,57%	2001	4,6%	3,66%
1982	12,5%	9,98%	2002	3,2%	2,53%
1983	12,8%	10,22%	2003	2,9%	2,30%
1984	12,8%	10,27%	2004	2,4%	1,91%
1985	11,5%	9,21%	2005	2,2%	1,73%
1986	9,8%	7,82%	2006	2,7%	2,15%
1987	8,7%	6,94%	2007	3,8%	3,02%
1988	11,7%	9,35%	2008	4,1%	3,29%
1989	13,0%	10,43%	2009	1,4%	1,16%
1990	13,1%	10,48%	2010	0,9%	0,69%
1991	14,5%	11,62%	2011	3,0%	2,41%
1992	12,0%	9,63%	2012	2,1%	1,72%
1993	13,7%	10,96%	2013	2,6%	2,12%
1994	7,8%	6,24%	2014	0,7%	0,59%
1995	9,4%	7,55%	2015	0,4%	0,29%
1996	8,8%	7,02%	2016	0,0%	0,00%
1997	5,8%	4,64%	2017	0,0%	0,00%

De diciembre de	a diciembre de	Años del período	Interés medio anual		Años negativos
			bruto	neto	
1977	1987	10	11,24%	8,99%	0
1987	1997	10	10,96%	8,77%	0
1997	2007	10	3,27%	2,62%	0
2007	2017	10	1,52%	1,22%	0
1977	1997	20	11,10%	8,88%	0
1997	2017	20	2,39%	1,92%	0
1977	**2017**	**40**	**6,66%**	**5,34%**	**0**

Hasta 1987, el interés es el de los depósitos a un año de los bancos comerciales, según datos del Banco de España. A partir de 1988 corresponde al rendimiento de las emisiones de Letras del Tesoro a doce meses (que salieron al mercado por primera vez en 1987) al final del año anterior o al inicio del año en curso. A principios de 2016, 2017 y 2018, el interés nominal de las Letras del Tesoro fue negativo en España. Para un ahorrador no tenía sentido comprar activos monetarios, por lo que he indicado un interés cero para dichos años.

2. Divisas

2.1. Invertir en divisas

¿Es correcto decir "invertir en divisas"? Si lo que hacemos es abrir una cuenta o un depósito en una divisa diferente a la nuestra, en realidad no estamos invirtiendo sino ahorrando en una moneda extranjera. Recordemos que invertir significa comprar un activo, mientras que una divisa es sencillamente dinero.

Sin embargo, al abrir una cuenta en una moneda extranjera tenemos la posibilidad de obtener una plusvalía en caso de apreciación de la divisa o una minusvalía en caso contrario, además del interés asociado a la misma.

Por otro lado, el tipo de cambio de una moneda frente a otra puede estar sobrevalorado o infravalorado, lo que permite hacer una apuesta a favor de la moneda considerada infravalorada o una apuesta en contra de la considerada como sobrevalorada. En este sentido, el comprador de una divisa se comporta de forma similar al comprador de un activo.

La tabla siguiente indica la evolución del dólar y del franco suizo frente a la peseta española entre 1978 y 1998 y frente al euro entre 1998 y 2017. Los tipos de cambio son los de cierre de cada año.

El euro se convirtió en divisa en España el 1 de enero de 1999, aunque los billetes y monedas de euro empezaron a circular el 1 de enero de 2002.

Hasta la introducción del euro, en España se hablaba de la cotización del dólar o del franco suizo frente a la peseta, mientras que a partir de 1999 se pasó a hablar de la cotización del euro en dólares o francos suizos. Por ello se ha indicado tanto el cambio euro-dólar y euro-franco suizo como sus respectivos inversos.

En los apartados siguientes veremos la rentabilidad que habría obtenido un residente en España entre enero de 1978 y diciembre de 2017 si hubiera mantenido un depósito a doce meses en dólares estadounidenses y en francos suizos. La rentabilidad de cada año se ha calculado como la apreciación de la divisa de enero a diciembre más el interés neto a doce meses que se podría haber obtenido al principio de cada año.

Año	Dólar contra Peseta	Franco suizo contra Peseta	Año	Euro contra Dólar	Dólar contra Euro	Euro contra Franco suizo	Franco suizo contra Euro
1978	70,1	43,3	1998	1,1789	0,8482	1,594	0,627
1979	66,2	41,9	1999	1,0046	0,9954	1,603	0,624
1980	79,3	44,9	2000	0,9305	1,0747	1,518	0,659
1981	97,5	54,2	2001	0,8813	1,1347	1,479	0,676
1982	125,6	63,0	2002	1,0487	0,9536	1,451	0,689
1983	156,7	71,9	2003	1,2630	0,7918	1,561	0,641
1984	173,4	67,1	2004	1,3621	0,7342	1,543	0,648
1985	154,2	74,2	2005	1,1797	0,8477	1,556	0,643
1986	132,4	81,6	2006	1,3170	0,7593	1,608	0,622
1987	109,0	85,3	2007	1,4721	0,6793	1,654	0,605
1988	113,5	75,4	2008	1,3917	0,7185	1,493	0,670
1989	109,7	70,9	2009	1,4406	0,6942	1,483	0,674
1990	96,9	74,8	2010	1,3362	0,7484	1,250	0,800
1991	96,7	71,3	2011	1,2900	0,7752	1,214	0,824
1992	114,6	78,7	2012	1,3199	0,7576	1,208	0,828
1993	142,7	96,3	2013	1,3810	0,7241	1,228	0,815
1994	131,6	100,6	2014	1,2162	0,8222	1,203	0,831
1995	121,3	105,4	2015	1,0934	0,9146	1,088	0,919
1996	129,8	98,5	2016	1,0606	0,9429	1,071	0,934
1997	152,4	104,6	2017	1,1942	0,8374	1,169	0,855
1998	141,7	104,5					

2.2. El dólar

A largo plazo no cabe esperar una rentabilidad excepcional de las divisas. Sin embargo, si compramos una divisa infravalorada frente a otra sí es posible obtener una ganancia superior a la que obtendríamos en nuestra propia moneda durante períodos de tiempo que pueden ser relativamente largos.

Según las estadísticas de la OCDE la paridad que iguala el poder adquisitivo del euro y del dólar era de 1,225 dólares por euro en 2017 (0,816 euros por dólar). Es decir, cuando el euro está a 1,225 dólares, el coste medio de una cesta de consumo en Estados Unidos es similar al coste medio de la misma cesta en la zona euro.

La paridad del poder adquisitivo (PPA) se considera el valor de equilibrio a largo plazo entre dos monedas. La fluctuación del tipo de cambio de mercado en torno a ese valor de equilibrio se debe principalmente al saldo de la balanza por cuenta corriente (balanza de bienes y servicios) entre Estados Unidos y la zona euro y a las diferencias entre las tasas de crecimiento económico, los tipos de interés y las tasas de inflación entre ambas regiones, así como a cualquier factor que genere expectativas acerca de dichas variables en el futuro.

Por ejemplo, si el mercado cree que la Reserva Federal (banco central de Estados Unidos) subirá los tipos de interés en los próximos meses mientras que también espera que el Banco Central Europeo no modifique su política monetaria, entonces es probable que el dólar se aprecie frente al euro. Si además se espera que la economía estadounidense crezca a mayor ritmo que la europea, entonces la apreciación del dólar puede ser más significativa. En cambio, si se espera un aumento de tipos de interés en Estados Unidos y un crecimiento económico más rápido en Europa, el saldo apreciatorio puede ser neutro o quedar a merced de otro factor que incline la balanza hacia un lado o el otro.

Al final de 2001 la PPA euro-dólar fue de 1,08 dólares por euro, mientras que la divisa europea cotizó a 0,88 dólares, un 18% por debajo del valor de equilibrio. El dólar estuvo sobrevalorado, por lo que hubiera sido mejor evitar la divisa americana. Al final de 2007, el euro alcanzó los 1,47 dólares, una revalorización del 67% en seis años, casi un 9% anual.

En 2007 la PPA fue de 1,16 dólares por euro. A una cotización de mercado de 1,47 dólares, el euro estaba sobrevalorado en un 27%. Entonces hubiera sido un buen momento para comprar activos en dólares. En 2016 el euro había caído a 1,06 dólares, una depreciación acumulada del 28%.

En agosto de 2018, el euro cotizaba a 1,15 dólares, un 6% por debajo de su valor de equilibrio (1,225 dólares). Desde este nivel, es probable que el dólar no sea rentable a largo plazo. Pero el euro ha llegado a estar infravalorado en más de un 20%, de modo que a corto plazo una infravaloración del 8% no garantiza que la moneda europea vaya a apreciarse. Una divisa puede estar mucho tiempo infravalorada o sobrevalorada debido a una sucesión de factores coyunturales.

La tabla de la página siguiente indica la rentabilidad anual de un depósito a doce meses denominado en dólares estadounidenses entre 1978 y 2017, teniendo en cuenta un impuesto del 20% sobre los intereses.

Se puede apreciar que en este período la moneda estadounidense dio rentabilidad negativa a un residente en España en un total de 17 años, que supone el 42% de los 40 años del período. En cuatro ejercicios la pérdida superó el 10%, el último de ellos en 2017.

Es decir, el dólar ha tenido más años negativos que la bolsa española, aunque las pérdidas han sido más moderadas.

En el conjunto del período completo considerado (1978 a 2017), la rentabilidad neta del dólar fue del 4,57% anual, algo inferior a la de la moneda española, que fue del 5,34% anual.

Año	Apreciación dólar	Interés neto	Rentabilidad neta	Año	Apreciación dólar	Interés neto	Rentabilidad neta
1978	-13,3%	4,3%	-9,03%	1998	-7,0%	3,6%	-3,47%
1979	-5,6%	6,0%	0,44%	1999	17,4%	3,1%	20,41%
1980	19,8%	6,8%	26,63%	2000	8,0%	4,0%	11,92%
1981	23,0%	8,4%	31,35%	2001	5,6%	3,2%	8,80%
1982	28,8%	6,4%	35,18%	2002	-16,0%	1,4%	-14,52%
1983	24,8%	5,2%	29,92%	2003	-17,0%	0,9%	-16,09%
1984	10,7%	5,9%	16,57%	2004	-7,3%	0,9%	-6,39%
1985	-11,1%	5,6%	-5,46%	2005	15,5%	1,9%	17,33%
1986	-14,1%	4,7%	-9,40%	2006	-10,4%	2,9%	-7,52%
1987	-17,7%	3,8%	-13,92%	2007	-10,5%	3,2%	-7,33%
1988	4,1%	4,7%	8,85%	2008	5,8%	2,5%	8,29%
1989	-3,3%	5,8%	2,46%	2009	-3,4%	1,2%	-2,18%
1990	-11,7%	5,0%	-6,72%	2010	7,8%	0,6%	8,41%
1991	-0,2%	4,5%	4,29%	2011	3,6%	0,5%	4,05%
1992	18,5%	2,6%	21,10%	2012	-2,3%	0,7%	-1,59%
1993	24,5%	2,4%	26,96%	2013	-4,4%	0,5%	-3,92%
1994	-7,8%	2,3%	-5,45%	2014	13,6%	0,3%	13,90%
1995	-7,8%	4,7%	-3,14%	2015	11,2%	0,4%	11,61%
1996	7,0%	3,2%	10,26%	2016	3,1%	0,7%	3,79%
1997	17,4%	3,5%	20,89%	2017	-11,2%	1,0%	-10,17%

De diciembre de	a diciembre de	Años del período	Apreciación dólar	Interés neto	Rentabilidad neta	Años negativos
1977	1987	10	3,03%	5,63%	8,66%	4
1987	1997	10	3,41%	3,96%	7,37%	3
1997	2007	10	-2,91%	2,45%	-0,45%	6
2007	2017	10	2,11%	0,85%	2,96%	4
1977	1997	20	3,22%	4,79%	8,01%	7
1997	2017	20	-0,43%	1,67%	1,24%	10
1977	2017	40	1,38%	3,19%	4,57%	17

Tanto para el dólar como para el franco suizo se ha considerado un interés neto equivalente al 60% del interés interbancario a doce meses, para tener en cuenta, por un lado, que los bancos ofrecen a sus clientes un interés inferior al de mercado y, por otro, los impuestos sobre los intereses. Se trata de una estimación, ya que el interés puede depender de la entidad, el importe del capital y la negociación entre el cliente y el banco.

2.3. El franco suizo

La moneda suiza se ha considerado tradicionalmente como un activo refugio, por lo que me ha parecido interesante considerar esta divisa como posible fuente de diversificación del capital.

En España, antes de la adopción del euro, tener francos suizos fue también una forma de "evadir" impuestos sin necesidad de llevarse el dinero a Suiza... A continuación explico por qué.

A largo plazo, los depósitos en divisas son aproximadamente igual de rentables que un depósito en nuestra propia moneda. Así lo demostré en mi estudio titulado *50 años de divisas, oro y plata,* publicado en 1995 por el Banc Agrícol i Comercial d'Andorra (hoy Andbank), cuando trabajaba para dicha entidad.

En dicho estudio se puede comprobar que entre 1975 y 1994 la rentabilidad de los depósitos en pesetas, marcos alemanes, francos franceses y libras esterlinas fue muy similar para un inversor residente en España. Llama la atención, en particular, que a pesar de la fuerte apreciación del marco alemán frente a la peseta desde 1975 hasta 1994 (el marco pasó de valer 23,3 pesetas al final de 1974 a costar 84,9 pesetas al final de 1994), la rentabilidad, para un residente español, de un depósito en marcos alemanes fue prácticamente la misma que la de un depósito en pesetas.

La razón por la cual los depósitos en divisas tienen rentabilidades similares a largo plazo es que la diferencia de los tipos de interés de una moneda respecto a los de la otra es igual a la apreciación de la moneda con los tipos de interés más bajos.

Esto significa que la diferencia entre los tipos de interés de dos divisas equivale a la depreciación esperada en la moneda que tiene el tipo de interés más alto. Por ejemplo, si el tipo de interés a un año del euro es del 2% y el tipo de interés del rublo es del 7%, el mercado espera que la moneda europea se aprecie un 5% ante la rusa. A un año vista esto no tiene por qué ser necesariamente así, ya que a corto plazo intervienen muchos factores que pueden influir en la cotización de las divisas, pero a largo plazo la diferencia acumulada entre los tipos de interés de dos divisas tenderá a ser bastante similar a la variación del tipo de cambio entre ambas.

Si bien a largo plazo la rentabilidad de un depósito en divisas tiende a ser la misma que la de un depósito en nuestra propia moneda, la composición de esa rentabilidad es ser muy diferente en el caso de una divisa que se aprecia de forma notable. Como la inflación en España era muy alta mientras que en Suiza ocurría todo lo contrario, la moneda helvética solía revalorizarse ante la española. Lo mismo sucedía con el marco alemán pero la apreciación del franco suizo era aún superior, por lo que era la divisa más apropiada para pagar menos impuestos ya que las ganancias obtenidas por la apreciación de una moneda son plusvalías y no se pagan impuestos por ganancias de capital mientras no se vende el activo que las genera.

Año	Apreciación franco suizo	Interés neto	Rentabilidad neta	Año	Apreciación franco suizo	Interés neto	Rentabilidad neta
1978	6,9%	0,8%	7,8%	1998	-0,1%	1,0%	0,9%
1979	-3,2%	1,5%	-1,7%	1999	-0,5%	1,0%	0,5%
1980	7,2%	3,4%	10,6%	2000	5,6%	2,1%	7,6%
1981	20,7%	5,1%	25,9%	2001	2,7%	1,7%	4,3%
1982	16,2%	3,4%	19,6%	2002	1,9%	0,8%	2,8%
1983	14,1%	2,6%	16,7%	2003	-7,0%	0,3%	-6,8%
1984	-6,7%	2,8%	-3,9%	2004	1,1%	0,5%	1,6%
1985	10,6%	3,0%	13,5%	2005	-0,8%	0,6%	-0,2%
1986	10,0%	2,5%	12,5%	2006	-3,3%	1,1%	-2,2%
1987	4,5%	2,3%	6,9%	2007	-2,8%	1,8%	-1,0%
1988	-11,6%	2,1%	-9,5%	2008	10,8%	0,7%	11,4%
1989	-6,0%	4,1%	-1,8%	2009	0,7%	0,4%	1,1%
1990	5,5%	5,2%	10,7%	2010	18,7%	0,3%	19,0%
1991	-4,7%	4,7%	0,1%	2011	2,9%	0,2%	3,1%
1992	10,4%	4,5%	14,9%	2012	0,5%	0,2%	0,7%
1993	22,4%	2,6%	25,0%	2013	-1,6%	0,1%	-1,5%
1994	4,5%	2,6%	7,0%	2014	2,1%	0,0%	2,1%
1995	4,8%	1,9%	6,7%	2015	10,5%	0,0%	10,5%
1996	-6,5%	1,3%	-5,3%	2016	1,6%	0,0%	1,6%
1997	6,1%	1,1%	7,2%	2017	-8,4%	0,0%	-8,4%

De diciembre de	a diciembre de	Años del período	Apreciación fr. suizo	Interés neto	Rentabilidad neta	Años negativos
1977	1987	10	7,73%	2,70%	10,43%	2
1987	1997	10	2,06%	3,00%	5,06%	3
1997	2007	10	-0,37%	1,06%	0,68%	4
2007	2017	10	3,53%	0,18%	3,71%	2
1977	1997	20	4,86%	2,85%	7,71%	5
1997	2017	20	1,56%	0,63%	2,19%	6
1977	**2017**	**40**	**3,20%**	**1,72%**	**4,91%**	**11**

Se observa que la volatilidad del franco suizo fue menor a la del dólar. La rentabilidad fue negativa en 11 años del período de 40 años, mientras que la del dólar lo fue en 17 años. Por otro lado, la pérdida del franco suizo nunca fue de más del 10% en un año determinado (el dólar superó ese umbral en cuatro años). El franco suizo no solo fue menos volátil que el dólar sino que también fue algo más rentable. Sin embargo, a pesar de la fuerte apreciación de la moneda suiza, esta no fue más rentable que un depósito en moneda española en el conjunto del período de 40 años. Pero tanto el dólar como el franco suizo han sido apuestas rentables en el período de diez años de 2008 a 2017 porque el euro se ha depreciado frente a ambas divisas desde 2008.

La última devaluación de la peseta tuvo lugar en marzo de 1995. En los 20 años transcurridos entre diciembre de 1975 y diciembre de 1995, un depósito en pesetas habría generado un interés bruto del 11,35% anual y otro en francos suizos una rentabilidad (interés más apreciación) del 11,65% anual, o sea muy similar, como se aprecia en la tabla siguiente. Pero un depósito en francos suizos habría pagado menos impuestos debido a que buena parte de la rentabilidad se debió a la apreciación de la moneda, de modo que la rentabilidad después de impuestos fue más elevada: del 10,91% anual frente al 9% anual del depósito en pesetas.

De	a	Años del	Rentabilidad anual bruta		Rentabilidad anual neta	
enero de	diciembre de	período	Peseta	Franco suizo	Peseta	Franco suizo
1976	1995	20	11,72%	11,65%	9,00%	10,91%

En este período la inflación en España fue del 10,2% anual. Un depósito en pesetas habría generado una rentabilidad real negativa después de impuestos, mientras que un depósito en francos suizos habría permitido obtener alguna ganancia en términos reales. Así, tener divisas era también una forma de escapar, en la medida de lo posible, de la inflación.

Actualmente, no existe tanta diferencia en la evolución del nivel general de precios en las diferentes naciones europeas pero en Suiza la inflación es sistemáticamente más baja que en la gran mayoría de países. Entre 1998 y 2017, la inflación en España fue del 3,14% anual y en Suiza, del 0,97% anual. En los últimos diez años de este período los precios no han subido en Suiza (la inflación ha sido de una media del -0,04% anual) mientras que en España lo han hecho un 1,24% anual y en la zona euro un 1,31% anual.

Es de esperar que esta situación se mantenga en el futuro. Suiza depende esencialmente de sus exportaciones para mantener su alto nivel de vida, por lo que las empresas del país están muy centradas en ser lo más competitivas posible y el gobierno entiende la necesidad de mantener políticas que mantengan la inflación a raya.

La paridad del poder adquisitivo de la moneda europea ante la suiza es de 1,25 francos suizos por euro. En 2017 el euro cerró a 1,169 francos suizos, de modo que el franco suizo estaba algo sobrevalorado. A largo plazo, tener francos suizos será rentable en la situación inversa, es decir cuando el euro esté sobrevalorado.

En la tercera parte veremos si hubiera valido la pena tener francos suizos de forma habitual como medio de diversificar el capital.

3. Bonos: los verdaderos productos garantizados

3.1. Un activo garantizado

Tal vez en alguna ocasión el banco te ha ofrecido un "producto garantizado" con el cual existe la posibilidad de obtener una ganancia más alta de lo habitual si se cumplen ciertas condiciones pero que en todo caso no perderás nada si dichas condiciones no se cumplan.

En realidad, los productos garantizados de los bancos están basados en una apuesta diseñada con ingeniería financiera para hacer ganar a la entidad con una abrumadora probabilidad a su favor. El resultado suele ser una ganancia nula para el cliente cuando en un contexto normal debería haberse producido una rentabilidad positiva.

Sin embargo, existe un activo en el mercado que tiene realmente las características esenciales de un producto garantizado tal como lo vende la banca pero con unas posibilidades de ganancia a favor del cliente muy superiores. Se trata de los bonos y las obligaciones.

Los bonos y las obligaciones son títulos de renta fija a largo plazo. En el mundo anglosajón se conocen ambos bajo la denominación genérica de *bonds*. Por una convención, en España los títulos emitidos con plazos de amortización de 3 y 5 años se denominan bonos del Estado o bonos del Tesoro, mientas que los títulos con plazos de emisión de 10, 15 o 30 años se llaman obligaciones del Estado u obligaciones del Tesoro. En septiembre de 2014 el Tesoro Público realizó la primera emisión de obligaciones a 50 años, con un interés del 3,49% anual.

3,2. Qué es eso de "invertir en deuda"

La expresión "comprar deuda" puede sonar extraña, pero eso es justamente lo que hace la mayoría de inversores, ya sea de forma directa o a través de fondos de inversión en renta fija.

Normalmente consideramos que los bancos son los principales agentes que prestan dinero. En realidad, los principales prestamistas son los inversores que compran deuda del Estado, de un gobierno local, de una empresa o de un banco.

Cuando un banco te presta dinero, no dices "el banco me ha comprado una deuda", pero no sería del todo incorrecto decirlo.

El banco tiene la facultad de ceder el préstamo que te ha concedido, ya sea para comprar un coche, pagar unos estudios o adquirir una vivienda, a un tercero, normalmente un fondo de inversión u otra entidad financiera. No lo hará solo con tu préstamo sino con los de varios clientes. A tal fin, tiene que convertir esos préstamos en un título porque cede la titularidad del derecho de cobro: es la titulización de deuda. Por ejemplo, cuando un banco tituliza una cartera de préstamos hipotecarios de sus clientes crea unos activos denominados cédulas hipotecarias. Las "hipotecas subprime" que desencadenaron la crisis financiera de 2008 eran titulizaciones de préstamos hipotecarios que habían sido concedidos a personas de baja solvencia.

Cuando el banco tituliza el préstamo que te ha dado, vende literalmente tu deuda. Para vender algo primero hay que comprarlo, por eso decía que no sería del todo incorrecto afirmar que el banco te ha comprado tu deuda. Si no es del todo correcto es porque la deuda que tienes con el banco se basa en un contrato, una relación bilateral entre tú y la entidad.

Aun así, cuando ese contrato se convierte en algo que puede cambiar de titular, entonces se transforma en un activo financiero que se compra y se vende.

Cuando tu contrato de hipoteca ya es un título-valor, este puede ser adquirido por un fondo de inversión británico, un fondo de pensiones noruego, etc. El banco se convierte en un mero gestor de cobros, pues se limita a cobrar, a cambio de una comisión, los intereses y a transferir estos al titular del activo.

En cambio, cuando eres tú que prestas tu dinero al banco, no obligas a este a firmar un contrato sino que el banco te vende un título-valor. Aquí no hay una negociación entre partes sino una transacción financiera.

De hecho, un título-valor es un contrato, pero mucho menos vinculante para la parte que recibe el dinero. Se considera que los títulos llevan inherentes unos riesgos que el inversor acepta por anticipado, mientras que un contrato incluye cláusulas de penalización en caso de incumplimiento.

Cuando las cajas de ahorro vendían en sus propias oficinas a sus propios clientes activos financieros como las participaciones preferentes, los clientes pensaban que podrían revender esos activos a la misma entidad y recuperar así su dinero, al igual que uno puede traspasar el dinero de un depósito a plazo a una cuenta corriente. El error de los clientes fue no ver la diferencia entre mercado primario y mercado secundario.

Cuando la caja emitía tales participaciones y el cliente las compraba, ambos actuaban en el mercado primario, también llamado de emisión. Un mercado no es necesariamente un edificio donde se llevan a cabo transacciones financieras. Puede ser el despacho del director de la sucursal en el cual se realiza una operación de tales características. Pero esos activos, una vez emitidos, solo se pueden negociar en un mercado "de segunda mano", o sea el mercado secundario o de negociación. En este caso, se trata del mercado AIAF (Asociación de Intermediarios de Activos Financieros), que tampoco está en un edificio sino que es una plataforma electrónica.

En el mercado secundario, el dinero que le has prestado a la entidad financiera al comprar una participación preferente no tiene un valor fijo porque dicho título cotiza a un precio que fluctúa. Por ejemplo, si el banco te ha vendido diez participaciones de mil euros cada una, se puede decir que le has prestado 10.000 €. Pero si quieres recuperar tu dinero tendrás que ir al mercado AIAF y vender tus diez participaciones al precio que te ofrezcan.

3.3. Clases de "activos con rentabilidad garantizada"

Los bonos y obligaciones que pueden ser considerados seguros y que cumplen la característica de funcionar como un activo "con rentabilidad garantizada", tal como he definido este concepto en el apartado 3.1, deben cumplir las siguientes condiciones:

a) Ser emitidos por una administración pública o por una empresa solvente.
b) Tener vencimiento determinado, es decir, no ser de carácter perpetuo.
c) Ser amortizables por su valor nominal, es decir, no ser convertibles.
d) En el caso de la deuda corporativa (deuda de empresas), tener consideración de senior, es decir, no ser deuda subordinada.

La deuda emitida por gobiernos locales (en el caso de España, una comunidad autónoma, una diputación, un ayuntamiento u otra administración pública de ámbito local), si bien es deuda pública, suele recibir otra denominación. El Banco de España se refiere a ella como "deuda de corporaciones locales" o "deuda de entidades locales". La deuda emitida por la administración central acostumbra a llamarse deuda pública o bien, lo que resulta más específico, deuda soberana.

3.4. Cómo comprar títulos de deuda del Estado

Los inversores particulares pueden adquirir títulos de deuda del Estado español, más conocidos como valores del Tesoro Público, de forma directa, tanto a través del mercado primario como del secundario. Otra alternativa es hacerlo a través de fondos de inversión, como veremos en el apartado 3.13.

1) En el mercado primario

En el mercado primario se emiten los títulos a través de un procedimiento de subasta. Al principio de cada año, el Tesoro Público publica el calendario de subastas de Letras, Bonos y Obligaciones para todo el año. Por ejemplo, en la captura de pantalla siguiente, obtenida de la página web del Tesoro Público, se indican las subastas previstas para los meses de julio a septiembre de 2018.

CALENDARIO DE SUBASTAS
Lo tengo decidido. Es más, ya tengo las fechas marcadas en mi calendario.

2018
ENE FEB MAR ABR MAY JUN **JUL** AGO SEP OCT NOV DIC

JULIO	AGOSTO	SEPTIEMBRE
L M X J V S D	L M X J V S D	L M X J V S D
1	1 2 3 4 5	1 2
2 3 4 5 6 7 8	6 7 8 9 10 11 12	3 4 5 6 7 8 9
9 10 11 12 13 14 15	13 14 15 16 17 18 19	10 11 12 13 14 15 16
16 17 18 19 20 21 22	20 21 22 23 24 25 26	17 18 19 20 21 22 23
23 24 25 26 27 28 29	27 28 29 30 31	24 25 26 27 28 29 30
30 31		

- 5 Bonos y Obligaciones del Estado *
- 10 Letras a 6 y 12 meses
- 17 Letras a 3 y 9 meses
- 19 Bonos y Obligaciones del Estado

- 2 Bonos y Obligaciones del Estado *
- 14 Letras a 6 y 12 meses
- 16 Bonos y Obligaciones del Estado
- 21 Letras a 3 y 9 meses

- 6 Bonos y Obligaciones del Estado *
- 11 Letras a 6 y 12 meses
- 18 Bonos y Obligaciones del Estado
- 20 Letras a 3 y 9 meses

Dentro del mercado primario, existen tres formas de adquirir valores del Estado:

a) A través de una Cuenta Directa en una sucursal del Banco de España.

Primero hay que abrir una Cuenta Directa en la sede central del Banco de España en Madrid o en cualquiera de las quince sucursales repartidas por el territorio nacional: Alicante, Badajoz, Barcelona, Bilbao, La Coruña, Las Palmas, Málaga, Murcia, Oviedo, Palma de Mallorca, Sevilla, Tenerife, Valencia, Valladolid y Zaragoza.

Para abrir una Cuenta Directa solo se requiere el DNI o el NIF y los datos de la cuenta corriente en la que se domiciliarán los abonos de intereses. La apertura y el mantenimiento son gratuitos.

La Cuenta Directa permite comprar Valores del Tesoro sin intermediarios financieros, lo que supone un ahorro en comisiones. La única comisión es un 0,15% sobre las transferencias de efectivo (intereses y amortizaciones del nominal) del Banco de España a la cuenta corriente del titular, con un mínimo de 0,90 € y un máximo de 200 €. Los títulos pueden ser adquiridos en efectivo o con cheque bancario antes de las 14 horas del día anterior a la subasta en la sede central del Banco de España o en cualquiera de las sucursales antes indicadas. La cantidad mínima es de 1.000 € y los importes sucesivos han de ser múltiplos de 1.000 €.

Si se desea vender los títulos antes del vencimiento (por ejemplo, si se quiere vender un bono a cinco años al cabo de dos años), hay que tener en cuenta que el Banco de España no los recomprará ya que no actúa en el mercado secundario o de negociación. Es necesario solicitar al Banco de España un traspaso de los títulos a una entidad gestora.

b) A través de Internet

Los Valores del Tesoro pueden ser adquiridos por Internet a través del Servicio de Compra y Venta de Valores de la página web del Tesoro Público.

Para ello es preciso tener un DNI electrónico, el Certificado Digital Clase 2CA o cualquier otro certificado reconocido por @firma, el programa en el que se basa la plataforma de validación y firma electrónica del gobierno español.

c) A través de cualquier intermediario financiero.

Los Valores del Tesoro también pueden ser adquiridos en bancos, agencias y sociedades de valores. En tal caso, se aplicarán las comisiones propias de cada entidad para la compra y custodia de títulos de renta fija.

2) En el mercado secundario

Cuando ya han sido emitidos, los Valores del Tesoro pueden ser comprados y vendidos en la Bolsa a través del Mercado Electrónico Bursátil de Deuda Pública, en cuyo caso se requiere la intervención de un intermediario financiero (un banco o una agencia o sociedad de valores) o bien de forma directa a través de una plataforma electrónica denominada SEND (Sistema Electrónico de Negociación de Deuda). Desde el final del segundo trimestre de 2018, también es posible negociar la totalidad de la deuda soberana de Portugal, Francia, Alemania, Austria, Holanda, Bélgica, Irlanda e Italia.

La ventaja de acudir al mercado secundario es que nos permite adquirir el importe deseado, mientras que en el primario las cantidades tienen que ser múltiplos de 1.000 € y se nos puede adjudicar un importe inferior al solicitado.

3.5. Rentabilidad de la deuda pública en España, 1978-2017

La tabla siguiente indica la rentabilidad de los títulos del Estado a 10 años de 1978 a 2017.

En la segunda y sexta columnas figura el interés neto tras un impuesto del 20%. La tercera y séptima columnas recogen la plusvalía anual, que se ha calculado en función de la variación del tipo de interés de los títulos al cabo del año. Por ejemplo, para calcular la plusvalía en 1978 se han actualizado las rentas y el nominal de un título emitido al principio de 1978 a la tasa de interés vigente al principio de 1979 durante los nueve años restantes hasta el vencimiento.

En caso de no vender el título, se trata de una plusvalía potencial, al igual que ocurre con las acciones. Para calcular las rentabilidades anualizadas se ha tenido que hacer el supuesto de que al final de cada año el inversor vende el título adquirido y vuelve a adquirir un nuevo título a diez años, porque las plusvalías, a diferencia de lo que pasa con las acciones, no se acumulan de un año para otro ya que dependen de la variación de los tipos de interés de mercado y de los años que restan para el vencimiento. Al ser consideradas plusvalías realizadas, se ha descontado un impuesto del 20%.

En la tabla puede verse que los años con plusvalía negativa fueron aquellos en los que el tipo de interés subió al año siguiente. Por ejemplo, en 2010 hubo una minusvalía del 8,3%. El tipo de interés al principio de 2010 fue del 3,3% mientras que a principios de 2011 fue del 4,5%. Esto significa que si a principios de 2010 alguien hubiese comprado un título por 1.000 € con una renta de 33 € anuales durante 10 años, al final del año ese título se hubiera valorado mediante el descuento a una tasa del 4,5% de las nueve rentas restantes de 33 € así como del nominal de 1.000 € a devolver al cabo de nueve años.

La plusvalía neta fue del 1,5% anual entre diciembre de 1977 y diciembre de 2017. Fue positiva porque los tipos de interés estuvieron bajando en la mayor parte del período. Sin embargo, en los próximos años será difícil que estos títulos den plusvalías porque su tipo de interés ya es muy bajo y es más probable que suban a que sigan bajando.

La rentabilidad neta es la suma del interés neto y de la plusvalía neta. A pesar de que hubo 14 años en los que la plusvalía fue negativa, esta fue compensada por el interés en nueve ejercicios. La rentabilidad solo fue negativa en cinco años.

Si comparamos la tabla con la del interés a un año, vemos que los activos monetarios a doce meses proporcionaron un interés neto medio del 5,34% anual en el período 1978-2017 mientras que los títulos del Estado a 10 años dieron una rentabilidad neta del 8,20% anual. La diferencia se debió casi a partes iguales a que el interés a 10 años fue superior al de doce meses (un 1,35% anual más) y a las plusvalías generadas (un 1,50% anual).

Año	Interés neto 10 años	Plusvalía neta	Rentabilidad neta	Año	Interés neto 10 años	Plusvalía neta	Rentabilidad neta
1978	10,6%	6,1%	16,7%	1998	4,6%	8,6%	13,2%
1979	9,4%	-15,4%	-5,9%	1999	3,5%	-5,9%	-2,5%
1980	12,8%	0,6%	13,3%	2000	4,3%	0,8%	5,1%
1981	12,6%	-0,7%	12,0%	2001	4,2%	1,2%	5,4%
1982	12,8%	-3,3%	9,5%	2002	4,0%	3,0%	7,0%
1983	13,5%	1,4%	14,9%	2003	3,6%	0,6%	4,3%
1984	13,2%	12,8%	26,0%	2004	3,5%	5,1%	8,6%
1985	10,7%	8,8%	19,5%	2005	2,8%	0,5%	3,3%
1986	9,1%	-6,0%	3,0%	2006	2,8%	-2,3%	0,5%
1987	10,2%	4,6%	14,9%	2007	3,1%	-2,4%	0,7%
1988	9,4%	-7,5%	1,9%	2008	3,4%	2,7%	6,1%
1989	10,9%	4,7%	15,6%	2009	3,0%	-1,7%	1,4%
1990	10,0%	-4,1%	5,9%	2010	3,3%	-8,3%	-5,1%
1991	10,8%	9,3%	20,1%	2011	4,5%	1,1%	5,6%
1992	9,1%	-4,8%	4,3%	2012	4,3%	0,0%	4,3%
1993	10,0%	19,5%	29,5%	2013	4,3%	9,3%	13,6%
1994	6,8%	-11,5%	-4,7%	2014	3,1%	14,5%	17,6%
1995	8,9%	4,2%	13,1%	2015	1,3%	2,0%	3,4%
1996	8,2%	17,3%	25,5%	2016	1,1%	-1,5%	-0,4%
1997	5,5%	6,3%	11,8%	2017	1,3%	0,6%	1,8%

De diciembre de	a diciembre de	Años del período	Interés neto	Plusvalía neta	Rentabilidad neta	Años negativos
1977	1987	10	11,47%	0,60%	12,07%	1
1987	1997	10	8,96%	2,87%	11,83%	1
1997	2007	10	3,63%	0,85%	4,48%	1
2007	2017	10	2,95%	1,71%	4,66%	2
1977	1997	20	10,22%	1,73%	11,95%	2
1997	2017	20	3,29%	1,28%	4,57%	3
1977	2017	40	6,69%	1,50%	8,20%	5

Para calcular el precio de un título a diez años he sumado el valor actual de las rentas y del nominal a la tasa de interés vigente el año siguiente al de la compra del título. Por ejemplo, un título de 1.000 € comprado al principio de 2010 daba una interés neto del 3,3%, o sea una renta anual neta de 33 € durante nueve años. La renta de 33 € del primero de esos años se ha descontado al interés vigente al principio de 2011, el 4,5%. O sea se ha dividido por 1,045. La renta de 33 € del segundo año se ha dividido por 1,045 elevado a dos, y así sucesivamente hasta el noveno año. El nominal de 1.000 € se ha dividido por 1,045 elevado a nueve. La suma de todos estos cocientes es lo que nos da el precio de mercado del título.

A efectos comparativos, he calculado también la rentabilidad que habría proporcionado adquirir bonos del Tesoro Público a cinco años. La rentabilidad calculada es del 7,07% anual para el período completo de 40 años, inferior a la de los títulos a diez años, que fue del 8,20% anual.

Esto se debe en parte a que en un contexto de caída de tipos de interés, la plusvalía de los títulos de renta fija es tanto mayor cuanto mayor sea el vencimiento del título o de la cartera de títulos. También se cumple lo contrario: si los tipos tienden a subir, es mejor tener títulos con vencimientos cortos.

Año	Interés neto 5 años	Plusvalía neta	Rentabilidad neta	Año	Interés neto 5 años	Plusvalía neta	Rentabilidad neta
1978	9,9%	0,6%	10,5%	1998	4,2%	4,3%	8,5%
1979	9,8%	-7,5%	2,3%	1999	3,1%	-3,1%	0,0%
1980	12,4%	-1,1%	11,3%	2000	3,9%	-0,2%	3,8%
1981	12,8%	1,1%	13,9%	2001	4,0%	2,5%	6,5%
1982	12,4%	-0,7%	11,7%	2002	3,3%	0,8%	4,1%
1983	12,6%	-1,6%	11,1%	2003	3,1%	0,9%	4,0%
1984	13,2%	2,8%	16,0%	2004	2,8%	2,0%	4,8%
1985	12,2%	8,5%	20,7%	2005	2,3%	-0,5%	1,8%
1986	9,4%	9,2%	18,6%	2006	2,4%	-1,8%	0,6%
1987	6,6%	-10,2%	-3,6%	2007	2,9%	-1,0%	1,9%
1988	10,0%	3,1%	13,1%	2008	3,2%	1,7%	4,9%
1989	9,0%	-4,4%	4,6%	2009	2,7%	1,7%	4,5%
1990	10,5%	-2,9%	7,5%	2010	2,3%	-4,9%	-2,6%
1991	11,5%	7,0%	18,4%	2011	3,6%	1,8%	5,5%
1992	9,2%	-3,4%	5,8%	2012	3,1%	0,4%	3,5%
1993	10,3%	12,9%	23,2%	2013	3,0%	4,2%	7,2%
1994	6,4%	-7,0%	-0,5%	2014	1,9%	4,8%	6,7%
1995	8,7%	2,3%	10,9%	2015	0,7%	0,6%	1,3%
1996	8,0%	10,1%	18,0%	2016	0,5%	0,8%	1,3%
1997	5,0%	2,8%	7,8%	2017	0,3%	0,3%	0,7%

De diciembre de	a diciembre de	Años del período	Interés neto	Plusvalía neta	Rentabilidad neta	Años negativos
1977	1987	10	11,08%	-0,04%	11,04%	1
1987	1997	10	8,83%	1,86%	10,69%	1
1997	2007	10	3,20%	0,37%	3,57%	0
2007	2017	10	2,13%	1,13%	3,26%	1
1977	1997	20	9,96%	0,91%	10,86%	2
1997	2017	20	2,67%	0,75%	3,41%	1
1977	**2017**	**40**	**6,25%**	**0,83%**	**7,07%**	**3**

Así, la plusvalía anual media de los bonos a cinco años fue del 0,83% anual mientras que la de las obligaciones a diez años fue del 1,50% anual, una diferencia de 0,67 puntos anuales. La otra parte de la diferencia se debió a que el interés de los títulos a diez años fue de una media de 0,44 puntos anuales más elevado que el de los títulos a cinco años.

Aunque los bonos a cinco años fueron menos rentables, también fueron menos arriesgados. Solo dieron rentabilidad negativa en tres de los 40 años del período y en ningún ejercicio la pérdida superó el 4%.

3.6. Hasta qué punto es segura la deuda pública

Según un extenso estudio de Carmen Reinhardt y Kenneth Rogoff titulado *This Time Is Different: A panoramic view of eight centuries of financial crises* (Esta vez es diferente: una visión panorámica de ocho siglos de crisis financieras), el país del mundo que más veces se ha declarado en bancarrota no es ni Venezuela, ni Argentina ni Grecia, sino España.

Pero es un dato anecdótico. De las catorce veces que España ha suspendido el pago de su deuda, seis fueron entre 1300 y 1799, período en que Francia lo hizo ocho veces. Las otras ocho tuvieron lugar en el siglo XIX, la última en 1882.

Desde 1900, los únicos países europeos que han incumplido o reestructurado sus compromisos, siempre de acuerdo con el estudio citado, han sido los siguientes:

Grecia (1932, 2010, 2012, 2016)
Rusia (1918, 1991, 1998)
Polonia (1936, 1940, 1981)
Rumania (1933, 1981, 1986)
Hungría (1932, 1941)
Austria (1938, 1940)
Alemania (1932, 1939)

En América Latina, los impagos o reestructuraciones de deuda desde 1900 han sido mucho más frecuentes: Brasil y Chile siete veces, la última en 1983 en ambos países, Costa Rica, Perú, Ecuador y Uruguay seis veces, la última en 1984, 1984, 1999 y 2003 respectivamente, Argentina cinco veces, la última en 2001, y México tres veces, la última en 1982. El país con un evento más reciente de estas característica lo protagonizó Venezuela en 2017, que ya había pasado por una situación similar en 1983, 1990, 1995 y 2004.

La quita de deuda de Grecia en 2012 supuso una pérdida de valor de los bonos emitidos por el gobierno del 78,5%. Invertir en deuda pública puede, pues, ser más arriesgado que hacerlo en bonos corporativos o en acciones si el emisor tiene una baja calificación crediticia.

3.7. Los ratings de solvencia

Para evitar disgustos con una emisión de renta fija, ya sea de deuda pública o corporativa, conviene fijarse en el rating de solvencia, o calificación crediticia, del emisor. En el caso de la deuda corporativa, conviene también conocer el rating de la propia emisión, ya que una misma empresa puede emitir deuda con diferentes calificaciones.

Las tres principales agencias de calificación de créditos son Standard and Poor's, Fitch y Moody's. Estas entidades sufrieron un gran descrédito, valga la redundancia, debido a los "sobresalientes" que dieron, en los años previos a la crisis financiera de 2008, a las titulaciones de hipotecas subprime de Estados Unidos, que luego llevaron a la quiebra a multitud de fondos de inversión e incluso a instituciones financieras de renombre. Sin embargo, aparte de este episodio en particular, estas agencias suelen hacer un buen trabajo a la hora de valorar las emisiones de deuda, por lo que vale la pena tener en cuenta su criterio.

Las tres agencias dividen la calidad del crédito en tres grandes clasificaciones. La primera es el "grado de inversión", donde existen diez escalas, desde la AAA (Aaa en el caso de Moody's), que sería equivalente a una "matrícula de honor". Actualmente, solo la deuda soberana de unos pocos países merecen esta nota: Alemania, Canadá, Dinamarca, Holanda, Luxemburgo, Noruega, Singapur, Suecia y Suiza. El rating de España es A-, que equivaldría a un 7 en una escala del 0 al 10.

La siguiente clasificación es el "grado especulativo", con seis escalas. La deuda calificada como tal se denomina a menudo "bono basura" con el fin de poner a los inversores sobre alerta.

Aún hay una tercera clasificación, la de "grado especulativo de alto riesgo" o de alta probabilidad de impago, en la cual existen entre cuatro y siete escalas según la agencia.

3.8. Deuda de gobiernos locales

Las emisiones de deuda de los gobiernos locales suelen tener un interés más alto que las del gobierno central. Su calidad suele ser inferior a la de la deuda soberana, pero no siempre. En julio de 2018, la calidad de la deuda emitida por País Vasco y Navarra era superior a la del Reino de España.

En la tabla siguiente he traducido el rating de solvencia a una escala del 0 al 10 para mayor claridad.

Las notas de 5,5 a 10 entran dentro del grado de inversión. Un 5 equivale a la primera escala dentro del grado especulativo. Por debajo de 5 podemos considerar que la deuda emitida es de alto riesgo.

Actualmente en la plataforma SEND, descrita en el apartado 3.4, se puede negociar deuda de las siguientes comunidades autónomas: Aragón, Castilla La Mancha, Castilla León, Murcia, Canarias, Baleares, Madrid, Andalucía, Extremadura, Asturias y Galicia, y de los ayuntamientos de Madrid y Barcelona.

Los títulos de deuda emitidos por la Generalitat de Cataluña se negocian en la Bolsa de Barcelona, los emitidos por la Generalitat Valenciana, en la Bolsa de Valencia, y la deuda del País Vasco, en la Bolsa de Bilbao.

Comunidad	Calificación	Comunidad	Calificación
Navarra	8	Castilla León	6
País Vasco	8	Extremadura	6
Canarias	7	La Rioja	6
Galicia	7	Madrid	6
Andalucía	6,5	Castilla La Mancha	5
Baleares	6,5	Murcia	5
Aragón	6	C. Valenciana	4,5
Asturias	6	Cataluña	3,5
Cantabria	6		

3.9. Bonos emitidos por empresas

La deuda emitida por empresas, ya sean públicas o privadas, recibe la denominación de renta fija privada o deuda corporativa, en contraposición a la "deuda pública" emitida por el gobierno central y los gobiernos locales.

La deuda corporativa da un interés más alto que la deuda pública y en muchas ocasiones es casi tan segura como esta.

A priori, un título de deuda pública parece mucho más seguro que un título de deuda de una empresa. Si el gobierno se queda en números rojos, puede subir los impuestos para recaudar el dinero necesario para pagar sus intereses, puede emitir nueva deuda para pagar los intereses de la deuda ya emitida o incluso "imprimir dinero", o sea pedirle al banco central que compre directamente la deuda emitida por el gobierno (esto último está prohibido actualmente en muchos países aunque en esos mismos países el banco central sí puede comprar deuda pública en el mercado). En cambio, una empresa depende únicamente de sus propios recursos para satisfacer sus compromisos de pago y en caso de dificultades financieras no puede obligar a sus clientes a que compren más de sus productos o contraten más de sus servicios.

Parece, pues, que los gobiernos tienen recursos casi ilimitados aunque no lleven a cabo una gestión prudente, mientras que la salud financiera de las empresas pende de un hilo por muy bien que administren. Sin embargo, las administraciones públicas a veces gastan más de la cuenta para cumplir con promesas electorales mal calibradas e incurren en déficits que suelen ser sistemáticos incluso en épocas de expansión económica. En ocasiones, un gobierno puede suspender pagos o llevar a cabo una quita de deuda. Una empresa privada tiene muchos más incentivos para ser prudente ya que de ello depende su supervivencia.

En tiempos de crisis económica los ingresos fiscales pueden caer en mayor proporción que la cifra de negocio de algunas empresas resistentes al ciclo económico, como las compañías eléctricas u otras bien posicionadas en sus respectivos sectores. Por tanto, la deuda corporativa de las empresas más solventes es casi tan segura como la deuda de un gobierno responsable y más segura que las emisiones de bonos de determinados países.

Sin embargo, este es un terreno peligroso en el que hay que saber elegir con mucho cuidado. Aquí nos encontramos con algunos de los activos más peligrosos del firmamento financiero: los bonos convertibles, los bonos subordinados, la deuda perpetua y las participaciones preferentes, que ya vimos en el capítulo 6 de la primera parte.

A pesar de su gran variedad, básicamente podemos clasificar los títulos de deuda corporativa en dos clases:

a) títulos que la entidad debe pagar,
b) títulos que la entidad paga si quiere o si se cumplen ciertas condiciones.

3.10. La deuda corporativa de mayor calidad

La primera clase se conoce como deuda senior. Es la deuda corporativa de mayor calidad.

Los titulares de deuda senior tienen preferencia en el cobro frente a todos los demás titulares de activos financieros de la sociedad. En caso de que la empresa o banco se vea en dificultades financieras y no pueda pagar a todos sus acreedores, es probable que los poseedores de bonos senior sean los únicos en cobrar.

La deuda corporativa senior da un interés algo superior al de la deuda soberana, al tener un riesgo más alto, pero inferior al del resto de emisiones de deuda corporativa.

La deuda senior puede ser asegurada o no asegurada. En el primer caso está respaldada por un activo que sirve de garantía. La deuda senior garantizada más extendida son las cédulas hipotecarias emitidas por los bancos, que están garantizadas por su cartera de préstamos hipotecarios.

Los bancos convierten parte de su cartera crediticia en títulos que venden en el mercado para así obtener liquidez. Este procedimiento se conoce como titulización hipotecaria. El valor nominal de las cédulas ha de ser como máximo del 80% de la cartera hipotecaria que sirve como garantía de las mismas, con objeto de asegurar un margen suficiente en caso de depreciación de dicha cartera.

Lo más habitual es que la deuda senior sea no asegurada, lo cual no quiere decir que tenga más riesgo que la asegurada. El hecho de que una emisión de deuda esté respaldada por activos financieros o por una garantía real puede desviar la atención de lo realmente importante, que es la solvencia del emisor. Por ejemplo, algunos de los pagarés emitidos por Nueva Rumasa en 2009 tenían una garantía real ante notario constituida por las existencias de brandy de jerez de la empresa, según esta valoradas en 1.200 millones de euros por un tasador doctorado por la Universidad de Harvard (quien acusó a la compañía de haber manipulado sus informes). En marzo de 2011, el grupo solicitó cl concurso de acreedores.

De modo similar, los títulos hipotecarios *subprime* (subestándar) emitidos por entidades financieras con el respaldo de hipotecas de alto riesgo de impago causaron fuertes pérdidas a los fondos de inversión que invirtieron en ellos y a los partícipes de los mismos.

Por tanto, es más importante tener en cuenta la solvencia del emisor que si la deuda está respaldada por un activo o no. Podemos averiguar el rating de solvencia de la empresa si vamos a la sección de relaciones con inversores de la página web de la compañía, o si escribimos en un buscador de internet el nombre de la empresa y palabras como rating de solvencia, calificación de crédito o similares.

3.11. La deuda de alto rendimiento

La segunda clase de deuda corporativa está formada por deuda discrecional o condicional, es decir, deuda que se paga si se quiere o bajo ciertas condiciones.

Parece un contrasentido que la devolución de una deuda sea discrecional o condicional. Y lo es desde el punto de vista de un inversor individual, pero no para un inversor institucional, como un fondo de inversión. En general, podemos confiar en que las empresas pagarán sus deudas por su propia conveniencia ya que en caso contrario el mercado dejará de prestarles o les exigirá intereses mucho más altos. Pero esa confianza no la podemos tener si compramos una única emisión de deuda. Si se desea invertir en deuda subordinada, bonos convertibles o participaciones preferentes debido a su alto rendimiento, es preciso hacerlo con la máxima diversificación, algo que solo es posible a través de un fondo de inversión.

Algunos fondos de renta fija se especializan en este tipo de emisiones. Se los suele reconocer porque llevan en su nombre las palabras "high yield" o alto rendimiento.

La deuda de alto rendimiento, es decir, que paga elevados intereses, se caracteriza por ser de alto riesgo. Sin embargo, una adecuada diversificación elimina prácticamente el riesgo para el partícipe. Los gestores de un fondo de tales características asignan una probabilidad de pago a cada emisión.

Para explicarlo a grandes rasgos, hacen una cartera de títulos cuya probabilidad de pago multiplicada por el rendimiento medio de la cartera supere en la mayor medida posible al interés de los títulos sin riesgo. De esta forma, pueden obtener un rendimiento del fondo significativamente superior al del interés sin riesgo con un grado razonable de seguridad.

Por ejemplo, supongamos que podemos elegir entre una emisión de deuda sin riesgo que da un interés del 2% y dos emisiones de deuda de alto riesgo. La primera de estas tiene una probabilidad asignada de pago del 80% y da un interés del 3% y la segunda, una probabilidad de pago del 50% y da un rendimiento del 6%.

El rendimiento esperado de las dos últimas emisiones, lo que se conoce como esperanza matemática, es igual a sendas probabilidades multiplicadas por sendos rendimientos, dividido por dos (el número de emisiones, suponiendo que la cantidad invertida en cada una es la misma). O sea ((80% x 3%) + (50% x 6%)) / 2 = 2,7%, que es más alto que el interés sin riesgo.

El riesgo de estos fondos es su componente aleatorio (su dependencia de tasas de probabilidad) lo que los hace sensibles a un "cisne negro", un acontecimiento muy improbable e inesperado que afecte al mismo tiempo a una parte significativa de la deuda de alto rendimiento que dé lugar a tasas de impago superiores a las previstas.

3.12. Dónde comprar renta fija privada

Los inversores particulares pueden negociar títulos de deuda corporativa en el mercado AIAF (Asociación de Intermediarios de Activos Financieros), que forma parte de BME (Bolsas y Mercados Españoles). Se conoce también como Mercado de Deuda Corporativa de BME y utiliza la plataforma SEND, la misma que se utiliza para comprar títulos de deuda pública (ver apartado 3.4).

La renta fija privada que se negocia a nivel de inversores particulares mueve mucho menos volumen que la pública. Por ejemplo, el día 11 de julio de 2018 se negociaron unos 53 millones de euros en renta fija pública y algo menos de un millón de euros en deuda privada.

Tal como afirma la página web de BME, en este mercado los inversores minoristas pueden comprar y vender, principalmente los siguientes bonos corporativos:

* participaciones preferentes,
* bonos y obligaciones simples,
* obligaciones subordinadas,
* cédulas hipotecarias.

De todos estos activos, los únicos en los que debería invertir un inversor conservador por su cuenta son los "bonos y obligaciones simples" o las cédulas hipotecarias.

Los bonos y obligaciones simples cumplen las condiciones indicadas en el apartado 3.3 para que un título de deuda pueda ser considerado un "producto garantizado", es decir, un título que puede subir de precio si baja el tipo de interés de mercado pero que en todo caso no generará pérdidas si se mantiene hasta el vencimiento.

Las cédulas hipotecarias son deuda senior garantizada y, por tanto, en teoría son más seguras que los bonos y obligaciones simples. Por otro lado, pueden venderse en el mercado si se quiere recuperar la inversión. Sin embargo, al igual que tienen doble garantía (la del emisor y la de la cartera de préstamos hipotecarios), tienen doble riesgo: que el emisor se vuelva insolvente y que la cartera de préstamos se deprecie más de lo previsto en caso de aumento de morosidad hipotecaria o de caída de los precios inmobiliarios.

Las participaciones preferentes se parecen a las acciones ordinarias en tanto que pagan un dividendo si la empresa obtiene beneficios. Las diferencias son que dan un dividendo fijo y tienen preferencia respecto al dividendo de las acciones ordinarias. Pero tienen carácter de deuda perpetua, como indica claramente BME (Bolsas y Mercados Españoles).

La mayoría de títulos de renta fija corporativa que podemos comprar actualmente en el mercado corresponde a entidades financieras. Dado que estas emiten un elevado volumen de bonos subordinados, hay que extremar las precauciones cuando el emisor sea un banco o una compañía de seguros.

Hay pocas emisiones de deuda de empresas no financieras y solventes que puedan ser adquiridas por inversores particulares. El día 12 de julio de 2018, por ejemplo, podían encontrarse bonos de un pequeño número de empresas, como Ferrovial, Abertis, o Acerinox.

Si se desea invertir en deuda corporativa de forma diversificada, se puede hacer a través de fondos de inversión tradicionales o ETFs. Explico el procedimiento en el siguiente apartado.

3.13. Cómo elegir un fondo de renta fija

Para elegir un fondo tradicional de renta fija que sea rentable, de bajo riesgo (según Morningstar) y tenga bajas comisiones, recomiendo el siguiente procedimiento.

1) Ir a la web en español de Mornigstar: www.morningstar.es/es/

2) Ir a la sección "Búsqueda rápida de fondos".

3) En el recuadro donde dice "Todas las Categorías Mornigstar", bajar por el menú hasta los fondos que empiezan por RF.

4) Si se quiere un fondo que solo invierta en deuda pública de la zona euro, elegimos RF Deuda Pública EUR y le damos al botón **Ir.**

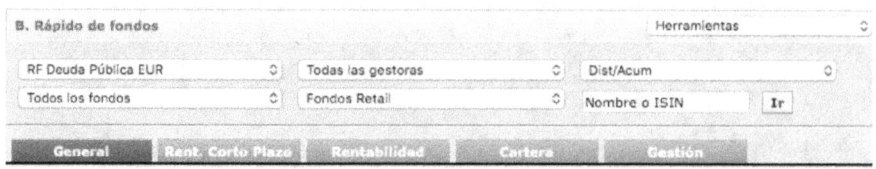

5) Los fondos aparecerán ordenados en orden alfabético. Si queremos ver en primer lugar los más rentables, hacemos clic en **Rentabilidad** y luego elegimos el período. En la captura siguiente he elegido ordenar los fondos según su rentabilidad media anual en los últimos 10 años (última columna). Vemos que también hay una columna que nos indica el riesgo de cada fondo según Mornigstar. Si hacemos clic sobre cualquier fondo, bajo el apartado "Estadística Rápida" veremos los "Gastos Corrientes", que nos indica las comisiones porcentuales sobre el capital. Normalmente varían entre un 0,35% y más de un 1%. En el menú de la izquierda podemos consultar también la composición del fondo.

Nombre del fondo	Riesgo Morningstar (Rel Categoría)	Volatilidad (3 a)	Año%	1 a %	3 a % anualiz.	5 a % anualiz.	10 a % anualiz.
Amundi S.F. - Euro Curve 7-10 year H EUR ND	Alto	3,88	-0,14	0,57	1,58	4,23	5,34
Amundi S.F. - Euro Curve 7-10 year A EUR ND	Alto	3,88	-0,18	0,51	1,53	4,17	5,16
Amundi S.F. - Euro Curve 7-10 year E EUR ND	Alto	3,88	-0,47	0,02	1,04	3,67	4,80
iShares Euro Government Bond Index Fund (IE) Flexible Acc EUR	Sobre la media	3,75	-0,14	0,55	1,60	3,83	4,74
Natixis Souverains Euro RC	Sobre la media	3,90	-0,89	-0,64	0,85	3,44	4,70
Natixis Souverains Euro RD	Sobre la media	3,90	-0,89	-0,64	0,85	3,44	4,69
Schroder International Selection Fund EURO Government Bond C Distribution EUR	Media	3,64	-0,11	0,22	1,39	3,64	4,65
Schroder International Selection Fund EURO Government Bond C Accumulation EUR	Media	3,63	-0,11	0,22	1,40	3,63	4,65
NN (L) Belgian Government Bond - P Cap EUR	Alto	4,85	-0,09	0,52	1,02	3,24	4,53
Generali Investments SICAV - Euro Bond Fund DX	Sobre la media	3,44	-1,12	-0,07	1,68	3,86	4,50

Podemos seguir el mismo procedimiento para otros tipos de fondos, por ejemplo para los que invierten de modo específico en deuda corporativa de la zona euro (RF Deuda Corporativa EUR) o en deuda corporativa de alto rendimiento (y alto riesgo). En la página siguiente se incluyen capturas de pantalla para sendas clases de fondos.

Vemos que los fondos en deuda corporativa fueron alrededor de un 0,80% anual más rentables que los de deuda pública y que los de deuda corporativa de alto rendimiento fueron en torno a un 3% anual más rentables que los de deuda corporativa en general.

RF Deuda Corporativa EUR | **Todas las gestoras** | **Dist/Acum**
Todos los fondos | **Fondos Retail** | **Nombre o ISIN** [Ir]

General | Rent. Corto Plazo | **Rentabilidad** | Cartera | Gestión

☐ Comparar ☐ Añadir a mi cartera ☐ Anular todas las selecciones

Nombre del fondo	Riesgo Morningstar (Rel Categoría)	Volatilidad (3 a)	Año%	1 a%	3 a % anualiz.	5 a % anualiz.	10 a % anualiz.
Schroder International Selection Fund EURO Corporate Bond C Accumulation EUR	Sobre la media	2,99	-0,68	1,08	3,51	4,69	5,94
OYSTER European Corporate Bonds R EUR	Sobre la media	4,28	-1,82	-0,73	1,26	3,26	5,76
Invesco Funds SICAV - Invesco Euro Corporate Bond Fund A Monthly Distribution EUR	Alto	3,21	-1,42	-0,24	1,00	2,61	5,71
Invesco Funds SICAV - Invesco Euro Corporate Bond Fund A Accumulation EUR	Alto	3,21	-1,42	-0,24	0,99	2,61	5,69
Morgan Stanley Investment Funds - Euro Corporate Bond Fund I	Sobre la media	3,21	-1,24	0,11	2,69	3,77	5,58
Schroder International Selection Fund EURO Corporate Bond A Accumulation EUR	Sobre la media	3,01	-0,91	0,67	3,10	4,28	5,53
Evli Corporate Bond B	Media	2,52	-0,58	0,70	2,90	3,62	5,47
Invesco Funds SICAV - Invesco Euro Corporate Bond Fund E Accumulation EUR	Alto	3,21	-1,56	-0,49	0,74	2,35	5,42
HSBC Global Investment Funds - Euro Credit Bond IC	Sobre la media	2,56	-1,22	-0,37	1,77	3,20	5,40
M&G European Corporate Bond Fund Euro C Acc	Sobre la media	3,00	-0,95	0,36	2,38	3,29	5,38

RF Bonos Alto Rendimiento EUR | **Todas las gestoras** | **Dist/Acum**
Todos los fondos | **Fondos Retail** | **Nombre o ISIN** [Ir]

General | Rent. Corto Plazo | **Rentabilidad** | Cartera | Gestión

☐ Comparar ☐ Añadir a mi cartera ☐ Anular todas las selecciones

Nombre del fondo	Riesgo Morningstar (Rel Categoría)	Volatilidad (3 a)	Año%	1 a%	3 a % anualiz.	5 a % anualiz.	10 a % anualiz.
UBS (Lux) Bond Fund - Euro High Yield (EUR) Q-acc	Sobre la media	4,29	-0,74	0,94	4,14	5,09	9,30
UBS (Lux) Bond Fund - Euro High Yield (EUR) Q-dist	Sobre la media	4,31	-0,80	0,89	4,08	4,83	8,94
UBS (Lux) Bond Fund - Euro High Yield (EUR) P-acc	Sobre la media	4,29	-1,05	0,40	3,58	4,53	8,80
UBS (Lux) Bond Fund - Euro High Yield (EUR) P-dist	Sobre la media	4,29	-1,05	0,40	3,58	4,53	8,78
Deutsche Invest I Euro High Yield Corporates LD	Sobre la media	4,75	-0,42	1,12	5,20	6,07	8,69
Amundi Funds II - Euro High Yield A EUR ND	Sobre la media	4,57	-1,47	-0,31	2,79	3,85	8,46
HSBC Global Investment Funds - Euro High Yield Bond IC	Media	4,02	-0,48	1,17	3,94	5,05	8,43
Muzinich Europeyield Fund Hedged Euro Accumulation S Units	Media	3,69	0,32	2,19	5,26	5,97	8,41
Morgan Stanley Investment Funds - European Currencies High Yield Bond Fund I	Sobre la media	4,92	-0,78	0,30	4,25	5,37	8,38
Nordea 1 - European High Yield Bond Fund BP EUR	Media	3,95	-0,54	0,70	4,25	5,45	8,31

Si preferimos un fondo cotizado en vez de un fondo tradicional, podemos ir a la sección de "búsqueda rápida de ETFs" en www.morningstar.es/es/etfs/. En el recuadro donde dice "Todas las categorías Morninsgtar", elegimos "RF Deuda Pública EUR" y nos saldrán los ETFs que invierten en títulos de deuda pública de los países de la zona euro.

Nombre	Riesgo Morningstar (Rel Categoría)	Vol. (3 a)	Año %	1 a%	3 a% anualiz.	5 a% anualiz.	10 a% anualiz.
Lyxor Bono 10Y - MTS Spain Government Bond (DR) UCITS ETF Acc	Alto	5,14	2,75	3,85	4,35	8,32	-
Lyxor Bono 10Y - MTS Spain Government Bond (DR) UCITS ETF Acc EUR	Alto	4,77	0,00	0,71	3,09	7,41	-
Amundi ETF Govt Bond EuroMTS Broad Investment Grade 10-15 UCITS ETF EUR	Alto	6,46	-1,01	1,09	1,91	6,19	-
Amundi ETF Govt Bond EuroMTS Broad Investment Grade 10-15 UCITS ETF	Alto	6,29	-0,38	1,31	1,91	6,19	-
Amundi ETF Govt Bond EuroMTS Broad Investment Grade 10-15 UCITS ETF DR	Alto	6,29	-0,37	1,36	1,91	6,10	-
iShares Spain Govt Bond UCITS ETF EUR (Dist)	Sobre la media	3,98	2,06	2,92	2,97	5,79	-
iShares Spain Govt Bond UCITS ETF EUR (Dist) EUR	Sobre la media	4,22	1,90	2,86	2,98	5,78	-
iShares Spain Govt Bond UCITS ETF EUR (Dist) GBP	Sobre la media	4,03	0,20	0,32	2,10	5,24	-
Deka iBoxx EUR Liquid Sovereign Diversified 7-10 UCITS ETF	Alto	4,23	0,49	1,95	2,36	5,09	-
ComStage iBoxx € Liquid Sovereigns Diversified 7-10 UCITS ETF	Alto	4,39	-0,02	1,69	2,28	5,05	-

También hay ETFs de deuda corporativa. Los podemos encontrar si seleccionamos "RF Deuda Corporativa EUR".

Los ETFs en renta fija diversificada (que incluyen deuda pública y deuda corporativa) los podemos encontrar seleccionando "RF Diversificada EUR", de los que de momento solo hay uno de SSGA y otro de iShares.

Existen igualmente tres ETFs en bonos de alto rendimiento en euros, los de SSGA / SPDR, iShares y Lyxor. Los encontraremos si seleccionamos "RF Bonos Alto Rendimiento EUR".

La oferta de fondos tradicionales en renta fija es todavía más alta que la de fondos cotizados en la misma categoría.

La tabla siguiente indica el número de fondos tradicionales y cotizados que había en cada categoría de activos de renta fija en euros con un histórico de al menos diez años. Se incluyen todos los que aparecían listados por Morningstar pero algunos son en realidad diferentes clases de participaciones del mismo fondo. También se indica la rentabilidad anual mínima y máxima de los fondos en un período de diez años. Los datos corresponden al 7 de agosto de 2018, por lo que la rentabilidad anual está referida al período entre el 6 de agosto de 2008 al 6 de agosto de 2018 aproximadamente.

Clase de activos (en euros)	Fondos tradicionales		Fondos cotizados	
	cantidad	rentabilidad 10 a.	cantidad	rentabilidad 10 a.
Deuda pública	70	2,01% - 5,34%	22	2,72% - 6,06%
Deuda corporativa	126	0,43% - 5,94%	8	2,81% - 4,48%
Diversificado	126	1,07% - 5,98%	0	
Bonos de alto rendimiento	82	3,12% - 9,30%	0	

Por ejemplo, en la fecha indicada había 70 fondos tradicionales (incluyendo versiones del mismo fondo) en deuda pública de la zona euro, con una rentabilidad a diez años mínima del 2,01% anual y máxima del 5,34% anual. En cambio, solo había 22 fondos cotizados, aunque la rentabilidad era más elevada, entre el 2,72% anual y el 6,06% anual.

En deuda corporativa, había 126 fondos tradicionales con rentabilidades a diez años entre el 0,43% y el 5,94% anual y solo 8 fondos cotizados, con rentabilidades en un rango más estrecho.

En deuda diversificada y bonos de alto rendimiento no había fondos cotizados con un histórico de diez años, pero sí de cinco años. Entre los de deuda diversificada, las rentabilidades a cinco años iban del 3,17% al 3,23% anual y entre los de bonos de alto rendimiento, del 3,57% al 4,50% anual.

4. Acciones: la rentabilidad

4.1. Los últimos de la fila

Las acciones son títulos que dan derecho a participar en los resultados de una sociedad. Las empresas suelen repartir una parte de sus beneficios, que entonces se denominan dividendos, y a reinvertir el resto, que pasan a llamarse reservas.

Comprar acciones equivale a ponerse al final de la fila en cuanto al derecho de cobro porque la empresa no tiene obligación de pagar dividendos. Sin embargo, muchas sociedades cotizadas pagan dividendos cada año desde hace décadas a pesar de no tener ninguna obligación de hacerlo.

Las acciones se denominan títulos de renta variable no porque su precio sea variable sino porque su renta, el dividendo, es variable.

En la primera parte ya vimos la diferencia entre acciones ordinarias y preferentes, y comentamos la confusión que hay respecto a estas últimas. Las acciones preferentes propiamente dichas son aquellas que en realidad son acciones ordinarias sin derecho a voto pero que, en contrapartida, tienen un dividendo preferente. Dicho dividendo es un poco más elevado (normalmente, muy poco más) que el de las acciones ordinarias y tiene preferencia en el cobro en caso de que no haya beneficios suficientes para repartir dividendos entre todas las acciones.

Por ejemplo, la compañía farmacéutica española Grifols tiene dos clases de acciones, las A (ordinarias) y las B (preferentes). En sus estatutos, se dice que: "Cada Acción Clase B deberá ser tratada en todos los aspectos, pese a tener un valor nominal inferior, como idéntica a una Acción Clase A, y las Acciones Clase B no serán sometidas a un trato discriminatorio respecto de las Acciones Clase A, si bien, como excepción a lo anterior, las Acciones Clase B (i) no tienen derecho de voto; y (ii) tienen el derecho al dividendo preferente, el derecho a la cuota de liquidación preferente y los otros derechos establecidos en este Artículo". El dividendo preferente de las acciones B de Grifols es únicamente 0,01 € superior al dividendo de las acciones ordinarias.

Algo similar ocurre con las acciones preferentes de las compañías alemanas Henkel y BMW. Se trata de acciones ordinarias sin derecho a voto pero con un dividendo algo superior. Por ejemplo, el dividendo de las acciones ordinarias de BMW con cargo a 2017 fue de 4,00 € y el de las acciones preferentes, de 4,02 €.

Existen otros títulos que en la jerga financiera y en la prensa reciben también el nombre de acciones preferentes pero que se parece muy poco a las anteriores, por lo que sería preferible llamarlas participaciones preferentes para no confundirlas. Estos últimos activos son títulos de renta fija pero la renta no se llama interés sino dividendo, el cual está condicionado a la obtención de beneficios. Por otro lado, este tipo de acciones preferentes no se negocian en bolsa sino en el mercado AIAF, el mercado de renta fija.

Las acciones ordinarias de una empresa solvente son más seguras que las participaciones preferentes de otra que esté en dificultades financieras. No tenemos que dejarnos engañar por la palabra 'preferente' sino fijarnos en la solvencia de la entidad.

4.2. Rentabilidad de la bolsa española, 1978-2017

La tabla de la página siguiente indica la plusvalía, el rendimiento neto por dividendo y la rentabilidad neta de la bolsa española entre 1978 y 2017. Se ha considerado un impuesto sobre los dividendos del 20%.

En cada período de 10 años, el número de años negativos fue de tres, salvo entre 2007 y 2017, en el que hubo cuatro años de pérdidas. Podemos esperar que sea inevitable que ocurra algo similar entre 2018 y 2027.

Al igual que en el resto de bolsas, se observa una clara diferencia entre los dos subperíodos de 20 años: el segundo fue la mitad de rentable que el primero (7,78% anual vs. 15,45% anual). La rentabilidad media en el conjunto del período fue del 11,94% anual.

Conviene fijarse en la composición de la rentabilidad. Entre 1978 y 1997, el rendimiento por dividendo supuso más de la cuarta parte de la rentabilidad nominal pero en el período 1998-2017 representó más de la mitad, concretamente el 60%. En el conjunto del período, la contribución de los dividendos fue de más de la tercera parte.

Tanto para la bolsa española como para la estadounidense y la alemana, se ha considerado la plusvalía bruta ya que se ha supuesto que las acciones se mantienen de modo indefinido tras haber sido compradas. En el caso de los bonos y las obligaciones, se consideró que la plusvalía era neta de impuestos ya que con la renta fija solo es posible generar ganancias de capital si se procede a la venta de los títulos antes del vencimiento.

Año	Plusvalía	Rendimiento neto	Rentabilidad neta	Año	Plusvalía	Rendimiento neto	Rentabilidad neta
1978	-10,1%	4,9%	-5,2%	1998	37,2%	1,8%	39,0%
1979	-15,8%	5,5%	-10,3%	1999	16,2%	2,8%	19,0%
1980	6,4%	8,6%	15,0%	2000	-12,7%	1,8%	-10,9%
1981	24,9%	8,7%	33,6%	2001	-6,4%	2,2%	-4,2%
1982	-18,2%	6,5%	-11,7%	2002	-23,1%	2,1%	-21,0%
1983	17,6%	11,3%	28,9%	2003	27,4%	4,4%	31,9%
1984	43,2%	7,7%	50,9%	2004	18,7%	3,5%	22,2%
1985	35,6%	6,0%	41,6%	2005	20,6%	4,2%	24,7%
1986	108,3%	6,1%	114,4%	2006	34,5%	4,8%	39,3%
1987	9,1%	2,7%	11,8%	2007	5,6%	2,8%	8,4%
1988	20,8%	3,1%	23,9%	2008	-40,6%	2,9%	-37,7%
1989	8,1%	2,5%	10,6%	2009	27,2%	4,6%	31,8%
1990	-24,7%	1,8%	-23,0%	2010	-19,2%	3,6%	-15,6%
1991	10,3%	3,7%	14,0%	2011	-14,6%	4,6%	-9,9%
1992	-13,0%	4,4%	-8,6%	2012	-3,8%	7,1%	3,2%
1993	50,7%	4,4%	55,0%	2013	22,7%	5,6%	28,3%
1994	-11,7%	2,0%	-9,7%	2014	3,0%	4,9%	7,9%
1995	12,3%	2,7%	15,0%	2015	-7,4%	3,4%	-4,0%
1996	39,0%	3,2%	42,1%	2016	-2,2%	4,0%	1,7%
1997	42,2%	2,5%	44,7%	2017	7,6%	3,6%	11,2%

De diciembre de	a diciembre de	Años del período	Rendimiento neto	Plusvalía	Rentabilidad neta	Años negativos
1977	1987	10	6,89%	15,62%	22,51%	3
1987	1997	10	3,02%	10,78%	13,80%	3
1997	2007	10	2,97%	10,01%	12,98%	3
2007	2017	10	4,39%	-4,69%	-0,31%	4
1977	1997	20	4,90%	13,18%	18,07%	6
1997	2017	20	3,73%	2,39%	6,13%	7
1977	**2017**	**40**	**4,29%**	**7,65%**	**11,94%**	**13**

Se ha utilizado el Indice General de la Bolsa de Madrid (IGBM), que incluye un mayor número de empresas que el IBEX 35 y cuyo histórico es más extenso. Tiene base 100 con fecha 31 de diciembre de 1985. Anteriormente se usaba una base 100 referida a 1940, por lo que los valores anteriores a 1985 han sido reconstruidos a partir de la base anterior. Las rentabilidades hasta 1998 son en pesetas y a partir de 1999 son en euros. Sin embargo, al ser porcentuales, son perfectamente comparables entre sí.

4.3. Cómo ganar más que el 75% de los fondos de inversión

La forma más frecuente de invertir en bolsa es a través de fondos de inversión. Entre estos, los más habituales son los fondos de gestión activa, es decir, aquellos en los que los gestores intentan superar la rentabilidad de su índice de referencia. Los fondos que invierten en acciones españolas suelen tomar como referencia el IBEX 35 o el IGBM (Indice General de la Bolsa de Madrid). Los que se concentran en acciones pequeñas y medianas, pueden compararse con el IGBM y además con el IBEX Small Cap o el IBEX Medium Cap. El IGBM es la referencia principal porque es el que incluye un mayor número de sociedades, tanto grandes como medianas y pequeñas.

Los fondos de inversión suelen compararse con un índice sin dividendos, como el IBEX 35 o el IGBM. Pero la comparación debe hacerse siempre con un índice con dividendos incluidos ya que los fondos ingresan dividendos, y así lo voy a hacer a continuación.

La tabla siguiente indica el comportamiento relativo de los fondos en bolsa española en diversos períodos para ver cuántos han batido al IGBM con dividendos. Vemos que en 2017, de los 110 fondos existentes ese año, 34 lo hicieron mejor que este índice, o sea el 30,9% del total. Ese año el IGBM tuvo una rentabilidad con dividendos del 12,14% y los fondos ganaron de media una cifra bastante similar.

Período	Años	Número de fondos	Fondos mejor que IGBM *		Rentabilidad media anual		Ventaja anual	
			Total	en %	IGBM *	Media fondos	Mejor fondo	Media fondos
2017	1	110	34	30,9%	12,14%	11,48%	16,32%	-0,66%
2014-2017	3	72	25	34,7%	3,70%	3,13%	10,86%	-0,57%
2012-2017	5	66	16	24,2%	9,58%	8,42%	7,93%	-1,16%
2007-2017	10	59	16	27,1%	1,00%	0,12%	3,14%	-0,88%
2004-2017	13	45	7	15,6%	6,00%	4,28%	2,76%	-1,72%
2002-2017	15	31	5	16,1%	8,69%	6,56%	2,37%	-2,13%

* Indice General de la Bolsa de Madrid

El mejor fondo de 2017 obtuvo una gran ventaja respecto al IGBM, nada menos que un 16,32%. Pero como se puede observar en la penúltima columna del siguiente cuadro, la ventaja anual del mejor fondo se redujo en cada período considerado. En el trienio 2014-2017, dicha ventaja aún fue de un considerable 10,86% pero en el decenio 2007-2017 ya se había reducido al 3,14% y en el período de 15 años de 2002 a 2017, al 2,37%. En resumen, cayó desde un máximo del 16,32% en 2017 a únicamente el 2,37% en el período más extenso.

En cuanto a la proporción de fondos que batieron al mercado, fue del 34,7% en el trienio 2014-2017 y aún fue del 27,1% en el decenio 2007-2017 pero en el período 2002-2017 había caído al 16,1%.

La tabla siguiente ordena los fondos de inversión según su rentabilidad anual en el período 2002-2017. En aquellos fondos que tienen varias clases de participaciones, he seleccionado solo una, la más rentable. Los datos no incluyen los fondos que han cerrado durante el período por malos resultados.

Fondo	2002-2017	Fondo	2002-2017
Bestinver Bolsa FI	11,06%	BBVA Bolsa Índice FI	6,72%
Metavalor FI	11,01%	Fonbilbao Acciones FI	6,66%
Aviva Espabolsa / Santalucía Espabolsa	10,65%	Media 31 fondos	6,56%
EDM-Inversión R FI	9,34%	Ibercaja Bolsa A FI	6,11%
Gesconsult Renta Variable FI	8,95%	Sabadell España Bolsa FI	6,07%
IGBM con dividendos	8,69%	BBVA Bolsa Plus FI	5,98%
IBEX 35 con dividendos	8,19%	Eurovalor Bolsa FI	5,71%
Renta 4 Bolsa FI	7,87%	BNP Paribas Bolsa Española FI	5,54%
Bankinter Bolsa España FI	7,71%	Liberty Spanish Stock Market Index FI	5,49%
DWS Acciones Españolas FI	7,63%	Caja Laboral Bolsa FI	5,08%
Santander RV España Bolsa A FI	7,03%	Bankoa Bolsa FI	5,08%
Santander Acciones Españolas A FI	6,95%	BBVA Bolsa FI	4,56%
March Valores FI	6,91%	Rural Renta Variable España FI	4,31%
Bankinter Futuro Ibex FI	6,89%	Caixabank Bolsa I FI	4,20%
Santander Índice España Clase Openbank FI	6,86%	GVC Gaesco Bolsalíder A FI	4,16%
ING Direct FN Ibex 35 FI	6,80%	Cartera Variable FI (Banco Ing. Caminos)	3,79%
Kutxabank Bolsa FI	6,72%	Unifond Renta Variable I FI	1,56%

De la tabla se infiere que un inversor a largo plazo que hubiese elegido un fondo de inversión al final de 2002 tuvo una rentabilidad anual esperada igual a la del IGBM más/menos un 3% con una probabilidad del 68%. Es decir, de los 31 fondos, 21 de ellos (el 68%) ganaron entre un 3% anual más y un 3% anual menos que el IGBM con dividendos. Pero con una clara asimetría negativa, pues solo 5 estuvieron del lado positivo y 16 del lado negativo. Además, hubo otros 10 fondos que lo hicieron un 3% anual peor que el IGBM. En términos acumulados esto representa una desventaja de más del 50% después de quince años.

Un inversor que hubiera diversificado entre varios fondos de esta categoría habría obtenido en torno al 6,56% anual, que fue la rentabilidad media de los 31 fondos. Este porcentaje equivale aproximadamente a la rentabilidad del mercado menos las comisiones de gestión, tal como cabe esperar del comportamiento medio a largo plazo de los fondos de inversión.

A efectos de valorar la calidad de su gestión, la rentabilidad de los fondos se compara con la del índice de referencia con dividendos brutos porque estas instituciones colectivas solo tributan por el impuesto de sociedades al 1%. Sin embargo, para un inversor particular la referencia básica es la del índice con dividendos netos, ya que los dividendos están sujetos al impuesto sobre la renta.

La rentabilidad del IGBM con dividendos netos fue del 7,46% anual en el período 2002-2017, mientras que con dividendos brutos fue del 8,69% anual. En este sentido, 8 de los 31 fondos fondos hubieran permitido al inversor ganar más de lo que habría ganado por su cuenta si su rentabilidad hubiera sido similar a la del mercado. Esto significa que un inversor que en 2002 hubiese tenido una cartera con los principales valores de la bolsa española, o que con su propia selección hubiese igualado la rentabilidad neta del IGBM, habría ganado más que el 75% de los fondos de inversión. Habría perdido la oportunidad de haber invertido en alguno de los fondos más rentables pero también habría evitado el riesgo de haberlo hecho en alguno de los peores. Lo que es más importante, habría evitado una asimetría negativa en su contra, pues el número de fondos con peores resultados fue superior al número de fondos con mejores resultados y la desventaja de los peores respecto al índice de referencia fue superior a la ventaja obtenida por los mejores. Por tanto, un inversor que renuncia a ganar más que el mercado, se asegura que batirá al 75% de los fondos de inversión.

Hay dos formas prácticas de asegurarse una rentabilidad similar a la del mercado y evitar los riesgos antes mencionados:
* Comprar participaciones en un fondo indexado
* Comprar un ETF (fondo cotizado) indexado

4.4. Los fondos indexados

Los fondos indexados invierten en los mismos valores que componen un índice determinado y con la misma ponderación, con objeto de obtener una rentabilidad similar a la de dicho índice. En la tabla anterior puede sorprender que los fondos indexados al IBEX 35 hayan quedado bastante lejos de la rentabilidad del IGBM, que fue del 8,69% anual:

* Bankinter Futuro IBEX (6,89% anual)
* Santander Indice España (6,86% anual)
* ING Direct Fondo Naranja IBEX 35 (6,80% anual)
* BBVA Bolsa Indice (6,72% anual)
* Liberty Spanish Stock Market Index (5,49% anual).

Ello se debe en parte a que el IBEX 35 fue algo menos rentable que el IGBM: ganó un 8,19% anual con dividendos en el período 2002-2017, frente al 8,69% anual del IGBM. En realidad, los fondos indexados no se quedaron tan lejos del índice que replican: la diferencia fue de alrededor del 1,4% anual, que coincide aproximadamente con las comisiones. Teniendo en cuenta que la rentabilidad con dividendos netos fue en torno al 1,2% anual menos que la rentabilidad bruta, los fondos indexados proporcionaron una rentabilidad muy cercana a la del índice con dividendos netos. El fondo indexado de Liberty fue el menos rentable debido a sus elevadas comisiones, que todavía hoy son del 2,4% sobre el capital.

En general, los fondos indexados han reducido sus comisiones en años recientes (el de Santander lo ha hecho al 1,01%, el de ING al 1,10% y el de Bankinter al 0,61%) Así, en el futuro podemos esperar que la rentabilidad de un fondo indexado al IBEX 35 se aproxime más a la del propio índice.

4.5. Los fondos indexados cotizados

Los fondos de inversión cotizados son fondos que se pueden comprar directamente en bolsa, como si fueran acciones. Se conocen habitualmente como ETFs, siglas de *Exchange Traded Fund*, que significa fondo cotizado en bolsa. Los ETFs tienen comisiones bastante más bajas, en torno al 0,50%, o incluso menos, que los fondos indexados tradicionales, aunque hay que añadir los cánones de bolsa que se aplican a la compraventa de acciones. Para una operación de 1.000 €, los cánones representan un coste del 0,28%. Si la operación es de 5.000 €, el coste es del 0,11%.

Los ETFs pueden ser adquiridos a partir de una sola participación pero la cantidad mínima recomendable dependerá de las comisiones. El coste total en comisiones y cánones no debería superar el 1,5%. Los cánones para una compra de 200 € suponen un coste de 1,21 €, que representa el 0,61%, por lo que las comisiones del intermediario no deberían superar el 0,9%.

Hay tres ETFs indexados al IBEX 35. Dos de ellos fueron creados en 2006 y el otro en abril de 2011. Dos de ellos son fondos de reparto (pagan dividendos) mientras que el otro es de capitalización. Para comparar la evolución de los tres productos en relación al IBEX 35 con dividendos, en las tablas siguientes se indica la rentabilidad de los mismos desde diciembre de 2011.

1) Lyxor UCITS ETF IBEX 35. Fue creado el 19 de enero de 2006. Está gestionado por Lyxor International Asset Management, propiedad al 100% del banco francés Société Générale, que también es el depositario. Tiene una comisión de gestión del 0,30%. Paga dividendos dos veces al año, en julio y en diciembre. Su rentabilidad entre diciembre de 2011 y diciembre de 2017 fue del 6,83% anual, superior a la del IBEX 35 con dividendos netos.

Fecha	LYXOR UCITS ETF IBEX 35			IBEX 35 con dividendos	
	Precio	Dividendo	Rentabilidad	brutos	netos
31/12/2011	85,39				
31/12/2012	81,20	4,25	0,18%	2,78%	1,17%
31/12/2013	98,16	4,34	26,31%	27,75%	26,39%
31/12/2014	101,91	4,40	7,90%	8,62%	7,56%
31/12/2015	94,00	4,00	-3,59%	-3,55%	-4,27%
31/12/2016	91,81	4,25	1,72%	2,60%	1,72%
31/12/2017	98,68	3,81	11,00%	11,25%	10,51%
Media			6,83%	7,81%	6,75%

2) Acción IBEX 35 ETF Armonizado. Fue constituido el 23 de junio de 2016. Está gestionado por BBVA Asset Management y su depositario es el BBVA (Banco Bilbao Vizcaya Argentaria). Tiene una comisión de gestión del 0,33% y una de depositaría del 0,05%. Paga dividendos semestrales, en febrero y en agosto. Su rentabilidad en 2011-2017 fue del 7,07%, superando ligeramente a la del ETF anterior.

Fecha	ACCION IBEX 35 ETF			IBEX 35 con dividendos	
	Precio	Dividendo	Rentabilidad	brutos	netos
31/12/2011	8,75				
31/12/2012	8,27	0,62	1,65%	2,78%	1,17%
31/12/2013	10,05	0,41	26,45%	27,75%	26,39%
31/12/2014	10,42	0,42	7,88%	8,62%	7,56%
31/12/2015	9,74	0,41	-2,55%	-3,55%	-4,27%
31/12/2016	9,45	0,35	0,59%	2,60%	1,72%
31/12/2017	10,14	0,34	10,86%	11,25%	10,51%
Media			7,07%	7,81%	6,75%

3) DB X-Trackers IBEX 35 ETF. Se creó el 27 de abril de 2011. Lo gestiona DB X-Trackers y su depositario es el Deutsche Bank. La comisión de gestión es del 0,30%. Es un fondo de capitalización, es decir los dividendos se reinvierten en el propio fondo. Su rentabilidad en el período indicado ha sido la más elevada de los tres productos, del 7,33% anual, que se acercó mucho a la rentabilidad del IBEX 35 con dividendos brutos. La razón por la cual fue más rentable que los otros dos se debe probablemente a que reinvierte los dividendos en nuevas acciones a medida que estos se van cobrando, mientras que la rentabilidad de los ETFs que pagan dividendos ha sido calculada suponiendo que las rentas se reinvierten al final del año.

Fecha	DB X-TRACKERS IBEX 35 UCITS ETF			IBEX 35 con dividendos	
	Precio	Dividendo	Rentabilidad	brutos	netos
31/12/2011	15,57				
31/12/2012	15,68		0,71%	2,78%	1,17%
31/12/2013	19,86		26,66%	27,75%	26,39%
31/12/2014	21,49		8,21%	8,62%	7,56%
31/12/2015	20,85		-2,98%	-3,55%	-4,27%
31/12/2016	21,13		1,34%	2,60%	1,72%
31/12/2017	23,80		12,64%	11,25%	10,51%
Media			7,33%	7,81%	6,75%

4.6. Rentabilidad de la bolsa estadounidense, 1978-2017

El índice Dow Jones Industrials, que reúne 30 valores de gran capitalización de la bolsa de Estados Unidos, tuvo una rentabilidad neta del 11,55% anual en dólares y del 13,09% anual en moneda española entre 1978 y 2017. En este período tuvo nueve años negativos, al igual que el DAX alemán, pero en ningún ejercicio la pérdida (en euros) superó el 30%.

Año	Plusvalía en divisa	Rendimiento neto	Rentabilidad neta en divisa	Rentabilidad neta en PTA / €	Año	Plusvalía en divisa	Rendimiento neto	Rentabilidad neta en divisa	Rentabilidad neta en PTA / €
1978	-3,1%	4,7%	1,5%	-12,0%	1998	16,1%	1,5%	17,6%	9,4%
1979	4,2%	5,1%	9,3%	3,2%	1999	25,2%	1,5%	26,7%	48,7%
1980	14,9%	5,2%	20,1%	43,9%	2000	-6,2%	1,2%	-5,0%	2,6%
1981	-9,2%	4,7%	-4,6%	17,3%	2001	-7,1%	1,3%	-5,8%	-0,5%
1982	19,6%	5,0%	24,6%	60,5%	2002	-16,8%	1,5%	-15,3%	-28,8%
1983	20,3%	4,3%	24,6%	55,4%	2003	25,3%	2,0%	27,4%	5,7%
1984	-3,7%	3,9%	0,1%	10,8%	2004	3,1%	1,8%	5,0%	-2,7%
1985	27,7%	4,1%	31,8%	17,2%	2005	-0,6%	1,9%	1,3%	17,0%
1986	22,6%	3,5%	26,0%	8,2%	2006	16,3%	2,0%	18,3%	6,0%
1987	2,3%	3,0%	5,3%	-13,3%	2007	6,4%	1,9%	8,3%	-3,1%
1988	11,8%	3,3%	15,1%	19,9%	2008	-33,8%	1,9%	-31,9%	-28,0%
1989	27,0%	3,8%	30,8%	26,4%	2009	18,8%	2,5%	21,3%	17,2%
1990	-4,3%	3,0%	-1,3%	-12,8%	2010	11,0%	2,2%	13,2%	22,1%
1991	20,3%	2,9%	23,2%	23,0%	2011	5,5%	2,2%	7,7%	11,6%
1992	4,2%	2,5%	6,7%	26,5%	2012	7,3%	2,3%	9,6%	7,1%
1993	13,7%	2,4%	16,1%	44,6%	2013	26,5%	2,2%	28,7%	23,0%
1994	2,1%	2,2%	4,4%	-3,7%	2014	7,5%	1,9%	9,4%	24,2%
1995	33,5%	2,4%	35,9%	25,2%	2015	-2,2%	2,0%	-0,3%	10,9%
1996	26,0%	2,0%	28,1%	37,1%	2016	13,4%	2,2%	15,6%	19,2%
1997	22,6%	1,7%	24,3%	46,0%	2017	25,1%	2,1%	27,2%	13,0%

De diciembre de	a diciembre de	Años del período	Rendimiento neto	Plusvalía en divisa	Rentabilidad neta en divisa	Rentabilidad neta en PTA / €	Años negativos
1977	1987	10	4,35%	8,84%	13,19%	16,62%	2
1987	1997	10	2,65%	15,09%	17,75%	21,76%	2
1997	2007	10	1,67%	5,31%	6,98%	3,87%	4
2007	2017	10	2,17%	6,42%	8,59%	10,89%	1
1977	1997	20	3,52%	11,92%	15,45%	19,16%	4
1997	2017	20	1,92%	5,86%	7,78%	7,32%	5
1977	2017	40	2,70%	8,85%	11,55%	13,09%	9

El índice Dow Jones, cuyo nombre completo es Dow Jones Industrials Average (DJIA), estaba compuesto en su origen por compañías industriales. Actualmente incluye diversas entidades financieras. Al igual que el DAX, está compuesto por 30 valores, que no necesariamente son las mayores compañías de Estados Unidos (no incluye Alphabet ni Amazon, por ejemplo). Un dólar valía 80,9 pesetas al final de 1977 y 141,7 pesetas al final de 1998. En este período de 20 años, la apreciación de la divisa americana fue del 2,84% anual. El tipo de cambio del euro partió de 1,1789 dólares en 1999 (0,8482 dólares por euro) y cerró 2017 a un nivel similar, 1,1942 dólares (0,8374 dólares por euro).

4.7. Cómo invertir en bolsa estadounidense

Los dos fondos cotizados más significativos de la bolsa estadounidense, debido a su largo historial, son el SPDR Dow Jones Industrials Average y el SPDR S&P 500, ambos de State Street Global Advisors (SSGA). Esta entidad creó el primer fondo cotizado en Estados Unidos en 1993. En marzo de 2018 tenía 2,73 billones de activos bajo su gestión. SPDR son las siglas de Standard and Poor's Depositary Receipts, que en el argot financiero suelen pronunciarse como 'spider' (araña en inglés).

El primero de estos fondos está referenciado al Dow Jones Industrials, el índice que he utilizado para calcular la rentabilidad de la bolsa estadounidense. Fue lanzado el 14 de enero de 1998 y tiene unas comisiones de solo el 0,17% anual. Su rentabilidad entre la fecha de inicio y el 30 de junio de 2018, un período de ya más de 20 años, fue del 8,06% anual, muy similar a la del Dow Jones con dividendos, que fue del 8,20% anual, según datos de la propia gestora.

El segundo está referenciado al S&P 500, índice que engloba las 500 mayores empresas de Estados Unidos, y tiene una comisión aún menor que el anterior, del 0,0945%. Fue lanzado el 22 de enero de 1993, por lo que ya tiene más de 25 años. Desde esa fecha hasta el 30 de junio de 2018 su rentabilidad ha sido del 9,48% anual, frente al 9,62% anual del índice de referencia.

Sin embargo, estos fondos no cotizan en bolsas europeas y no siguen la normativa UCITS. Recordemos que los fondos de inversión que no son UCITS no disfrutan de exención fiscal sobre las plusvalías en caso de traspaso entre fondos. Recordemos también que los fondos cotizados en la bolsa española tampoco tienen esa ventaja fiscal pero que los fondos cotizados en bolsas extranjeras que son UCITS sí la tienen. Por tanto, lo ideal para invertir en una bolsa extranjera es hacerlo a través de un fondo cotizado UCITS que cotice en un mercado de la Unión Europea que no sea el español.

Para invertir en bolsa estadounidense, podemos optar por un fondo referenciado al Dow Jones Industrials o al S&P 500. En el período de 20 años entre 1998 y 2017, la rentabilidad del Dow Jones ha sido algo superior debido a su mejor comportamiento relativo de 1999 a 2002 pero entre 2003 y 2017 la rentabilidad de ambos índices ha sido muy similar (10,13% anual del Dow Jones y 9,92% anual del S&P 500).

El 19 de marzo de 2012, SSGA creó un ETF (fondo cotizado) vinculado al S&P 500 que sí es un fondo UCITS, para su distribución en la Unión Europea. Pero no ha creado todavía un fondo europeo referenciado al Dow Jones.

Este fondo, denominado SPDR S&P 500 UCITS ETF, toma como referencia el índice S&P500 con dividendos netos. Ha obtenido una rentabilidad superior incluso a la de dicho índice gracias a la eficacia de su método de replicación y a unas comisiones de únicamente el 0,09% anual. Está domiciliado en Irlanda, regulado por el Banco Central de Irlanda y registrado en la Comisión Nacional del Mercado de Valores (CNMV).

Este producto no cotiza en la bolsa española pero puede ser adquirido por los inversores residentes en España en la bolsa de Londres en dólares o libras o en las bolsas alemana, francesa e italiana en euros. Paga dividendos cada trimestre.

Para invertir en un fondo cotizado referenciado al Dow Jones Industrials (con dividendos netos) lo podemos hacer a través del Lyxor Dow Jones Industrials Average UCITS ETF. Fue creado en abril de 2001 por la gestora Lyxor, que pertenece al banco francés Société Générale. Está domiciliado en Francia. Al igual que el fondo antes comentado, no cotiza en la bolsa española pero puede ser adquirido en la bolsa de Londres en dólares o libras o en las bolsas alemana, francesa e italiana en euros. Distribuye dividendos.

Existen otros muchos fondos indexados a la bolsa estadounidense de elevada calidad. Solo he mencionado los que me han parecido más representativos.

La tabla siguiente indica la rentabilidad de los dos fondos comentados y la de sus índices de referencia.

El SPDR S&P 500 tuvo una rentabilidad entre 2013 y 2017 (fue creado en marzo de 2012) del 15,28% anual, más que el 15,07% anual de su referencia, el índice S&P 500 con dividendos netos (el S&P 500 con dividendos brutos ganó un 15,79% anual).

La rentabilidad del fondo de Lyxor se indica en su versión en euros. Vemos que la rentabilidad media del fondo (15,30% anual) fue muy similar a la del índice con dividendos netos (15,41% anual) en el período indicado (2011-2017). La rentabilidad en euros con dividendos brutos del Dow Jones Industrials fue del 15,96% anual.

Año	SPDR S&P 500 UCITS (en $)		Lyxor DJIA UCITS (en €)	
	ETF	S&P500 Neto	ETF	DJIA Neto €
2011			11,64%	11,59%
2012			5,24%	7,09%
2013	31,71%	31,55%	25,35%	23,01%
2014	13,16%	12,99%	25,45%	24,22%
2015	0,95%	0,75%	10,71%	10,94%
2016	11,51%	11,23%	18,81%	19,18%
2017	21,35%	21,10%	11,47%	12,97%
media anual	15,28%	15,07%	15,30%	15,41%

4.8. Rentabilidad de la bolsa alemana, 1978-2017

El índice DAX 30 dio una rentabilidad neta del 7,62% anual expresada en divisa y del 9,78% anual en moneda española entre 1977 y 2017. Tuvo nueve años negativos pero dos de ellos con pérdidas superiores al 40%, mientras que la pérdida anual máxima en la bolsa española fue del 37,7%. Como en el resto de bolsas, los últimos 20 años han sido menos rentables que los 20 primeros.

Año	Plusvalía en divisa	Rendimiento neto	Rentabilidad neta en divisa	Rentabilidad neta en PTA / €	Año	Plusvalía en divisa	Rendimiento neto	Rentabilidad neta en divisa	Rentabilidad neta en PTA / €
1978	0,5%	3,4%	3,9%	3,9%	1998	17,2%	1,0%	18,2%	18,8%
1979	-18,5%	4,0%	-14,5%	-14,9%	1999	38,0%	0,9%	38,9%	38,9%
1980	-9,3%	4,7%	-4,6%	1,2%	2000	-8,3%	0,6%	-7,7%	-7,7%
1981	-4,4%	5,1%	0,7%	7,4%	2001	-20,7%	0,7%	-20,0%	-20,0%
1982	6,4%	5,0%	11,5%	36,5%	2002	-44,9%	0,8%	-44,1%	-44,1%
1983	35,1%	3,9%	39,0%	51,1%	2003	33,4%	2,9%	36,3%	36,3%
1984	2,4%	3,0%	5,3%	0,9%	2004	5,1%	1,8%	6,9%	6,9%
1985	63,0%	2,7%	65,7%	88,3%	2005	23,8%	2,6%	26,4%	26,4%
1986	3,0%	1,4%	4,5%	13,8%	2006	19,1%	2,3%	21,4%	21,4%
1987	-32,1%	1,5%	-30,6%	-29,8%	2007	19,2%	2,5%	21,7%	21,7%
1988	29,8%	2,4%	32,2%	22,2%	2008	-42,4%	1,6%	-40,8%	-40,8%
1989	32,5%	1,8%	34,4%	36,3%	2009	18,5%	4,3%	22,8%	22,8%
1990	-23,8%	1,5%	-22,3%	-21,9%	2010	12,5%	2,9%	15,3%	15,3%
1991	10,3%	2,1%	12,3%	10,4%	2011	-17,5%	2,2%	-15,2%	-15,2%
1992	-4,6%	2,0%	-2,6%	8,4%	2012	24,4%	3,8%	28,1%	28,1%
1993	44,1%	2,1%	46,2%	69,2%	2013	21,4%	3,3%	24,7%	24,7%
1994	-8,7%	1,3%	-7,4%	-4,3%	2014	-0,1%	2,2%	2,1%	2,1%
1995	5,2%	1,4%	6,6%	6,5%	2015	6,9%	2,2%	9,0%	9,0%
1996	26,2%	1,6%	27,8%	27,1%	2016	3,7%	2,6%	6,2%	6,2%
1997	44,6%	1,3%	45,9%	46,5%	2017	9,6%	2,4%	11,9%	11,9%

De diciembre de	a diciembre de	Años del periodo	Rendimiento neto	Plusvalía en divisa	Rentabilidad neta en divisa	Rentabilidad neta en PTA / €	Años negativos
1977	1987	10	3,52%	1,78%	5,30%	11,64%	2
1987	1997	10	1,77%	13,29%	15,06%	17,45%	2
1997	2007	10	1,52%	4,79%	6,31%	6,36%	3
2007	2017	10	2,66%	1,50%	4,16%	4,16%	2
1977	1997	20	2,69%	7,38%	10,07%	14,51%	4
1997	2017	20	2,10%	3,13%	5,22%	5,25%	5
1977	2017	40	2,39%	5,23%	7,62%	9,78%	9

El DAX (Deutscher Aktienindex) reúne las 30 mayores compañías alemanas. Fue creado en julio de 1988 con base 1.000 el 31 de diciembre de 1987 pero la Bolsa Alemana lo reconstruyó para años anteriores. A diferencia de la mayoría de índices, incluye dividendos. La divisa alemana antes del euro, el marco, multiplicó su valor ante la peseta por 2,22 entre 1977 y 1998 (de 38,4 a 85,07 pesetas), una revalorización del 4,05% anual. El 31 de diciembre de 1998 se fijaron unos cambios irrevocables de 1 € = 166,386 pesetas y 1 € = 1,95583 marcos alemanes. Al dividir ambas cifras se obtiene la última cotización del marco: 85,07 pesetas.

4.9. Cómo invertir en bolsa alemana

Se puede invertir de forma muy eficiente en el DAX 30 a través de fondos cotizados, entre los cuales he seleccionado los de Deka Investment, BlackRock, Xtrackers y Amundi. Todos ellos tienen comisiones anuales muy ajustadas, de entre el 0,09% y el 0,16%. Dos de los fondos están domiciliados en Alemania, uno en Luxemburgo y el otro en Francia.

ETF	Gestora	Domicilio	Comisiones	Creación
Deka	Deka Investment	Alemania	0,15%	14/03/2008
iShares	BlackRock	Alemania	0,16%	27/12/2000
Xtrackers	Deutsche Asset Management	Luxemburgo	0,09%	10/01/2007
Amundi	Amundi Asset Management	Francia	0,10%	16/09/2008

Su rentabilidad ha sido muy similar a la del DAX 30 con dividendos brutos, como puede verse en la tabla, que recoge el período de 2011 a 2017. Los dos primeros fondos de la tabla pagan dividendos, el tercero es de capitalización y el cuarto puede distribuir o no dividendos según el criterio de la sociedad gestora. Los dividendos están sujetos a retención fiscal.

Año	DAX 30	ETFs indexados al DAX 30			
		Deka	iShares Core	Xtrackers	Amundi
2011	-14,69%	-15,10%	-15,22%	-15,40%	-15,38%
2012	29,06%	28,14%	28,96%	29,17%	29,18%
2013	25,48%	25,35%	25,46%	25,16%	26,19%
2014	2,65%	2,44%	2,49%	2,34%	2,11%
2015	9,56%	9,40%	9,38%	9,23%	9,23%
2016	6,87%	6,59%	6,57%	6,27%	5,95%
2017	12,51%	12,48%	12,29%	12,12%	12,10%
2011-2017	9,34%	9,04%	9,10%	8,95%	8,99%

Todos estos ETFs cotizan en la bolsa alemana y son UCITS. Ambas características hacen que su tributación sobre plusvalías para un inversor residente en España sea la misma que para un fondo tradicional, es decir, exención fiscal en caso de traspaso de fondos.

4.10 Diversificar en bolsas extranjeras

La tabla indica la rentabilidad con dividendos netos en moneda española (pesetas hasta 1998 y euros a partir de 1999) de un capital diversificado en las tres bolsas consideradas: la española, a través del Indice General de la Bolsa de Madrid (IGBM), la alemana, a través del índice DAX, y la bolsa estadounidense, a través del índice Dow Jones Industrials (DOW).

La segunda y la sexta columnas (IGBM & DOW) recoge la rentabilidad neta anual de un capital dividido a partes iguales en bolsa española y en bolsa americana.

La tercera y la séptima columnas (IGBM & DAX), la de un capital en partes iguales en bolsa española y alemana.

La cuarta y la última (IGBM, DAX & DOW), la de un capital en partes iguales en las tres bolsas.

En el período de 40 años entre 1978 y 2017, el número de años con pérdidas superiores al 10% fue de siete en la bolsa española y de solo tres en la combinación de bolsa española con bolsa estadounidense.

Año	IGBM & DOW	IGBM & DAX	IGBM, DOW & DAX	Año	IGBM & DOW	IGBM & DAX	IGBM, DOW & DAX
1978	-8,6%	-0,7%	-4,4%	1998	24,2%	28,9%	22,4%
1979	-3,6%	-12,6%	-7,3%	1999	33,8%	28,9%	35,5%
1980	29,4%	8,1%	20,0%	2000	-4,1%	-9,3%	-5,3%
1981	25,5%	20,5%	19,4%	2001	-2,3%	-12,1%	-8,2%
1982	24,4%	12,4%	28,4%	2002	-24,9%	-32,6%	-31,3%
1983	42,2%	40,0%	45,2%	2003	18,8%	34,1%	24,7%
1984	30,8%	25,9%	20,9%	2004	9,8%	14,5%	8,8%
1985	29,4%	64,9%	49,0%	2005	20,8%	25,6%	22,7%
1986	61,3%	64,1%	45,5%	2006	22,6%	30,4%	22,2%
1987	-0,8%	-9,0%	-10,5%	2007	2,7%	15,1%	9,0%
1988	21,9%	23,1%	22,0%	2008	-32,8%	-39,2%	-35,5%
1989	18,5%	23,4%	24,4%	2009	24,5%	27,3%	23,9%
1990	-17,9%	-22,4%	-19,2%	2010	3,3%	-0,1%	7,3%
1991	18,5%	12,2%	15,8%	2011	0,8%	-12,6%	-4,5%
1992	8,9%	-0,1%	8,8%	2012	5,2%	15,7%	12,8%
1993	49,8%	62,1%	56,3%	2013	25,7%	26,5%	25,3%
1994	-6,7%	-7,0%	-5,9%	2014	16,0%	5,0%	11,4%
1995	20,1%	10,7%	15,6%	2015	3,5%	2,5%	5,3%
1996	39,6%	34,6%	35,4%	2016	10,5%	4,0%	9,1%
1997	45,3%	45,6%	45,7%	2017	12,1%	11,6%	12,0%

La tabla siguiente resume las rentabilidades netas en moneda española de las tres bolsas y de las tres combinaciones antes indicadas, por períodos. Se observa que las tres combinaciones produjeron resultados mejor repartidos que los de cada bolsa por separado. Si bien la bolsa estadounidense fue la más rentable en todo el período, entre 1998 y 2007 fue la que ganó menos, un 3,87% anual. En cambio, las tres combinaciones produjeron rentabilidades de entre el 8% y el 10% anual. La mejor combinación fue la de bolsa española y americana.

Rentabilidades anuales por períodos, en moneda española						
Período	IGBM	DOW	DAX	IGBM & DOW	IGBM & DAX	IGBM, DOW & DAX
1978-1987	22,51%	16,62%	11,64%	21,23%	18,62%	18,70%
1988-1997	13,80%	21,76%	17,45%	17,95%	15,76%	17,87%
1998-2007	12,98%	3,87%	6,36%	8,78%	9,97%	8,18%
2008-2017	-0,31%	10,89%	4,16%	5,52%	2,12%	5,20%
1978-1997	18,07%	19,16%	14,51%	19,58%	17,18%	18,28%
1998-2017	6,13%	7,32%	5,25%	7,13%	5,97%	6,68%
1978-2017	11,94%	13,09%	9,78%	13,19%	11,44%	12,33%
Años negativos	13	9	9	9	11	10

A un inversor español, diversificar en otras bolsas le hubiera permitido reducir el número de años negativos, tener una rentabilidad mejor repartida a lo largo del tiempo y al mismo tiempo obtener una ganancia anualizada similar o superior. Esto demuestra de nuevo que una adecuada gestión del riesgo permite reducir la volatilidad y aumentar la rentabilidad a la vez.

Si se quiere invertir en bolsa europea a través de un fondo cotizado en España se puede hacer a través del Acción Eurostoxx 50 Armonizado (armonizado significa que es UCITS), el único ETF de bolsa no española que se puede comprar en el mercado bursátil español. El Eurostoxx 50 es un índice compuesto por las 50 mayores compañías de la zona euro. Incluye 18 sociedades francesas, 14 alemanas, 5 españolas y 13 de otros países. El Acción Eurostoxx 50 Armonizado está gestionado por BBVA Asset Management, que forma parte del grupo BBVA (Banco Bilbao Vizcaya Argentaria). La comisión de gestión es del 0,15% anual y la depositaría, del 0,05% anual. Entre 2012 y 2017 su rentabilidad ha sido del 9,10% anual mientras que el Eurostoxx 50 ha ganado un 9,75% anual con dividendos.

No obstante, hay que recordar que de momento los ETFs cotizados en España no disfrutan de las ventajas fiscales de los fondos UCITS tradicionales y de los fondos UCITS cotizados en bolsas extranjeras.

4.11. Riesgos de los fondos en renta variable

Además de las fluctuaciones de precios inherentes a la inversión bursátil, los fondos en renta variable informan de riesgos adicionales, principalmente el riesgo de contraparte y el de custodia.

El primero hace referencia al riesgo crediticio de terceras partes con las que los fondos llevan a cabo contratos de derivados, divisas, préstamo de valores o de otro tipo. Si la contraparte quiebra, se vuelve insolvente o incumple de alguna otra forma sus obligaciones, el fondo puede sufrir retrasos en el cobro de sus derechos o incluso perder parte o la totalidad de los mismos. De todos modos, la exposición a una contraparte determinada queda limitada al 10% del capital del fondo.

El riesgo de custodia hace referencia a la posibilidad de que la entidad depositaria se vuelva insolvente, en cuyo caso el fondo podría sufrir retrasos o pérdidas a la hora de recuperar los activos bajo custodia. Dicha entidad depositaria tiene el deber de tener los activos del fondo separados del resto de sus activos pero no existe una garantía absoluta de que cumpla o pueda cumplir sus obligaciones.

Los fondos cotizados son iguales en naturaleza a los tradicionales, de forma que ambos tipos de fondos tienen riesgos similares. Un riesgo adicional de los primeros puede ser el de liquidez, pues para recuperar la inversión es necesario venderlos en bolsa. Sin embargo, los fondos cotizados indexados a índices populares como el IBEX 35, el Dow Jones Industrials, el S&P 500 o el DAX 30 tienen elevados volúmenes de contratación

Hemos visto, por otro lado, que fondos cotizados que existen desde hace más de dos décadas han cumplido de forma sistemática su objetivo de replicar fielmente sus respectivos índices de referencia.

5. Oro: el equilibrio

5.1. El oro no da brillo pero sí equilibrio

El oro no dará brillo a tu cartera de activos porque no es un activo rentable a muy largo plazo. Sin embargo, presenta características muy especiales que lo convierten en un activo recomendable para equilibrar un patrimonio en activos financieros.

La primera de estas características es su condición de activo refugio. En particular, se revaloriza en los entornos más hostiles para la bolsa: las épocas de elevada inflación y las crisis financieras. Sin embargo, esto no significa que sea un activo totalmente seguro, pues tiene una cotización muy volátil. Es algo importante a tener en cuenta para no llevarnos a engaño. En este sentido se hace imprescindible conocer cómo ha evolucionado el precio del oro en las últimas décadas.

La segunda característica especial del oro, mucho más interesante que la primera, es que suele correlacionarse de modo negativo con los activos financieros. Es decir, suele subir cuando la bolsa y los bonos bajan, mientras que baja o sube poco cuando la bolsa y los bonos suben. Este comportamiento permite equilibrar un patrimonio financiero de modo que las minusvalías bursátiles se ven compensadas, al menos en parte, por la revalorización del oro. En cambio, en los años de fuertes alzas de la bolsa, la rentabilidad del conjunto del patrimonio se verá minorada por el peor comportamiento relativo del oro si se tiene este activo en cartera. En conjunto, una cartera de activos con bolsa y oro será menos volátil que una cartera con solo bolsa. Y también será menos volátil que si únicamente tenemos oro. Curiosamente, al combinar dos activos de riesgo tendremos menos volatilidad que si únicamente tenemos uno de esos activos.

5.2. El oro como activo refugio

La cotización del oro se expresa en dólares por onza troy, que equivale a 31,1035 gramos. La onza troy se denomina así por la feria anual que se celebraba en la Edad Media en la ciudad francesa de Troyes, donde se utilizaba esta particular medida que ahora se emplea habitualmente para el peso de los metales preciosos.

En un kilo de oro hay 32,1507 onzas troy. Por ejemplo, si el oro cotiza a 1.200 dólares la onza, un kilo de oro costará unas 32 veces esa cantidad.

La medida de la pureza del oro es el quilate, que indica el número de partes de oro de un objeto sobre un total de 24 partes. Por ejemplo, un objeto de oro de 18 quilates tiene 18 partes de oro y 6 de otros metales, o sea está compuesto en un 75% por oro y un 25% por otros metales.

En 1934, como consecuencia de la crisis de 1929 en Estados Unidos, el gobierno de este país modificó la cotización oficial del oro que había estado vigente durante un siglo. El metal pasó de valer 20,67 dólares a 35 dólares la onza. Diez años más tarde, en 1944, en la reunión internacional de Bretton Woods para determinar las nuevas reglas que regirían los tipos de cambio entre el dólar y el resto de divisas principales, se definió un tipo de cambio fijo entre el dólar y el oro al valor de 35 dólares por onza troy, mientras que las otras monedas quedaron a su vez vinculadas al dólar de acuerdo con una paridad fija. Esto permitió que los tipos de cambio entre las principales divisas fueran muy estables. Por ejemplo, el tipo de cambio entre el dólar y el franco suizo estuvo en torno a los 4,32 francos por dólar entre 1945 y 1970. Como una onza troy de oro valía 35 dólares, también tuvo un valor fijo de unos 151 francos suizos en el período indicado.

A partir de 1960, los sucesivos déficits en la balanza de pagos de los Estados Unidos causaron una salida de oro del país hacia otros países con superávit. La convertibilidad del dólar en oro empezó a peligrar y la pérdida de confianza en la divisa norteamericana provocó que algunos bancos centrales convirtieran sus reservas de dólares en oro. Para contrarrestar esta tendencia, los Estados Unidos solicitaron un acuerdo mediante el cual siete países europeos se comprometieran a negociar oro en el mercado libre para sostener su cotización. Estos países, entre los que se encontraban Francia y el Reino Unido, cumplieron su compromiso al pensar que el déficit de la balanza de pagos americano sería transitorio. Ante la persistencia del mismo, se acentuó la pérdida de confianza en el dólar. A partir de 1968, la moneda estadounidense dejó de ser convertible para los particulares y se limitó su convertibilidad a los bancos centrales.

La deuda de los Estados Unidos se agravó con la intervención del país en la guerra de Vietnam a partir de 1964, ya que esta fue tan impopular que el gobierno americano no se atrevió a financiarla con impuestos. En vez de eso, ponía a la venta títulos de deuda pública que eran adquiridos por la Reserva Federal, el banco central de Estados Unidos, que de este modo creaba dinero de la nada, una política incompatible con el mantenimiento del patrón oro vigente desde 1934. El día 15 de agosto de 1971, el presidente de Estados Unidos, Richard Nixon, anunció el fin de la convertibilidad del dólar también para los bancos centrales como medida transitoria pero que acabó siendo definitiva.

El 15 de agosto de 1974, justo tres años después de la histórica decisión de Nixon, el presidente Gerald Ford firmó una ley que a partir de 1975 autorizaría de nuevo la compraventa de oro a los ciudadanos estadounidenses, que había estado prohibida durante 40 años.

El oro había abandonado su función como medio de pago, pero volvió a ser un depósito de valor y con el desarrollo experimentado por los mercados financieros en las décadas precedentes, se convirtió, además, en un activo para invertir y especular.

Desde que Nixon pusiera fin a la convertibilidad del dólar en oro, el precio del metal inició un ascenso meteórico. En 1972 se revalorizó un 49%. Pero esto fue solo el principio.

En enero de 1973 los Estados Unidos pusieron fin a su intervención en Vietnam. Pero el 6 de octubre del mismo año estalló la guerra entre Egipto y Siria, por un bando, e Israel por el otro (Guerra de Yom Kipur) debido a las reclamaciones de ambos países árabes sobre territorios conquistados por Israel en 1967. Diez días más tarde, la Organización de los Países Exportadores de Petróleo (OPEP) subió el precio del petróleo un 70% en represalia contra los países occidentales por su apoyo a Israel y en diciembre los aumentó un 130% adicional. Es decir, en solo tres meses el precio del petróleo se multiplicó por 3,9. Es lo que se conoce como primer *shock* del petróleo.

El desorbitado precio de la materia prima exacerbó las tensiones inflacionistas causadas por la monetización del déficit público de Estados Unidos como consecuencia de la financiación de la guerra de Vietnam. Tras haber subido un 49% en 1972, el oro se revalorizó un 76% en 1973 y un 63% en 1974.

A partir de 1978 tendrían lugar nuevos conflictos en Oriente Medio que provocarían el segundo *shock* del petróleo. La revolución en Irán, entonces segundo productor mundial, en septiembre de 1978, tumbó el gobierno prooccidental del sha de Persia y con él los intereses de las compañías petroleras presentes en el país. Arabia Saudí, primer productor mundial, aprovechó la circunstancia para reducir su producción y el precio del petróleo se disparó un 125% en 1979. Ese año el oro se revalorizó un espectacular 127% y cerró a 512 dólares la onza.

A principios de 1980 tuvo lugar una verdadera fiebre del oro como consecuencia del conflicto entre Irán e Irak y la invasión de Afganistán por Rusia (entonces Unión Soviética). El 21 de enero de aquel año, la onza troy de oro llegó a 850 dólares en los mercados europeos y se acercó a los 875 dólares en Nueva York: una apreciación del 70% en tres semanas. El precio se había multiplicado por 25 respecto a los 35 dólares establecidos en 1934 y que continuaban vigentes en enero de 1970: en diez años, el metal precioso se había revalorizado un 38% anual.

Algunos expertos pronosticaron que la onza de oro alcanzaría los 1.000 dólares pero solo cotizó por encima de los 800 dólares unos días. Dos meses después del máximo de enero de 1980 había caído a 480 dólares, un retroceso del 44%. En septiembre de 1980 estalló la guerra entre Irán e Irak, el precio del petróleo se disparó nuevamente y la onza de oro llegó a los 720 dólares.

A partir de aquí se inició un largo declive que no se detuvo hasta los 307 dólares en julio de 1982, una caída del 57% desde septiembre de 1980.

El oro volvió a actuar como refugio a raíz de la suspensión de pagos de México en agosto de 1982. El gobierno mexicano dejó de pagar los intereses de su deuda, buena parte de la cual estaba en manos de bancos de los Estados Unidos y también de otros países europeos y Japón. Según el historiador belga Eric Toussaint, nada menos que 550 bancos privados habían prestado dinero a la nación centroamericana. Muchos de esos bancos fueron salvados de la quiebra gracias a que el Banco Mundial y el Fondo Monetario Internacional prestaron dinero a México con la condición de que el país pagara sus deudas con los bancos. El oro llegó a revalorizarse un 65% en medio año, pues alcanzó los 508 dólares de principios de 1983.

El largo ciclo bajista del oro tocó fondo en febrero de 1985, el mismo mes en que el dólar batía récords históricos contra la mayoría de divisas. El 26 de febrero de 1985 el metal cerró en Londres a 286,5 dólares la onza, un 66% por debajo de su máximo de 850 dólares alcanzados en enero de 1980. En cambio, para inversores no estadounidenses la inversión en oro no fue tan negativa en ese período. Por ejemplo, el dólar se revalorizó de 66 pesetas en enero de 1980 a 191,6 pesetas en febrero de 1985. El efecto combinado de una caída del 66% del oro en dólares y una apreciación del dólar respecto a la peseta del 190% fue una minusvalía del oro de solo el 2% en moneda española. A pesar de ello, en términos reales la minusvalía fue significativa debido a la alta inflación habida en España en la primera mitad de la década de 1980.

El texto que he escrito con anterioridad está basado en mi libro *50 años de divisas, oro y plata*, publicado en 1995. Alguien pudo haber mantenido entonces que el oro había sido tan volátil en el pasado debido a unas circunstancias muy particulares (fin del patrón oro, hiperinflación, sucesivos conflictos en Oriente Medio) pero que en el futuro el metal sería más seguro y estable, tal como correspondía a su calidad de activo refugio. Sin embargo, en las dos décadas siguientes la cotización del oro iba a evolucionar de modo bastante similar a pesar de que las circunstancias iban a ser muy diferentes.

Mientras el oro sea un activo refugio, será también un activo de alta volatilidad porque seguirá disparándose de precio ante determinadas situaciones de incertidumbre y recuperará su nivel anterior (es decir, se desplomará) cuando estas hayan pasado. Refugiarse en el oro es correr el riesgo de comprar un activo sobrevalorado.

5.3. Rentabilidad del oro en 1978-2017

La tabla siguiente indica la evolución del precio de la onza de oro. La revalorización en dólares fue solo de un 2,93% anual en 1977-1997, a pesar de los elevados precios alcanzados entre 1978 y 1980. En cambio entre 1997 y 2017 se revalorizó un 7,83% anual. El precio del metal en dólares cayó en 15 de los 40 años del período. La rentabilidad en moneda española fue negativa en 14 años, uno más que la bolsa española. Sin embargo, en la tercera parte veremos que la combinación de ambos activos generó muchos menos años negativos.

Año	Onza de oro en dólares	Onza de oro en pesetas	Rentabilidad en pesetas	Año	Onza de oro en dólares	Onza de oro en euros	Rentabilidad en euros
1978	208,1	14.588	11,93%	1998	288,7	244,9	-6,50%
1979	459,0	30.386	108,30%	1999	290,3	288,9	17,98%
1980	594,9	47.176	55,26%	2000	272,7	293,0	1,42%
1981	400,0	39.000	-17,33%	2001	276,5	313,7	7,07%
1982	447,0	56.143	43,96%	2002	342,8	326,8	4,17%
1983	380,0	59.546	6,06%	2003	417,3	330,4	1,08%
1984	308,0	53.407	-10,31%	2004	435,6	319,8	-3,20%
1985	327,0	50.423	-5,59%	2005	513,0	434,9	35,98%
1986	390,9	51.755	2,64%	2006	635,7	482,7	11,00%
1987	486,5	53.029	2,46%	2007	836,5	568,2	17,72%
1988	410,2	46.552	-12,21%	2008	869,8	625,0	9,98%
1989	401,0	43.990	-5,50%	2009	1087,5	754,9	20,79%
1990	386,2	37.423	-14,93%	2010	1420,3	1.062,9	40,80%
1991	353,2	34.150	-8,75%	2011	1531,0	1.186,8	11,66%
1992	333,0	38.162	11,75%	2012	1664,0	1.260,7	6,23%
1993	391,8	55.903	46,49%	2013	1204,5	872,2	-30,82%
1994	383,3	50.436	-9,78%	2014	1199,3	986,1	13,06%
1995	387,0	46.943	-6,92%	2015	1060,0	969,5	-1,68%
1996	369,0	47.907	2,05%	2016	1145,9	1.080,4	11,45%
1997	287,1	43.752	-8,67%	2017	1296,5	1.085,7	0,48%

De diciembre de	a diciembre de	Años del período	Rentabilidad del oro en dólares	en PTA / €	Años negativos
1977	1987	10	11,69%	15,07%	3
1987	1997	10	-5,14%	-1,90%	7
1997	2007	10	11,29%	8,05%	2
2007	2017	10	4,48%	6,69%	2
1977	1997	20	2,93%	6,24%	10
1997	2017	20	7,83%	7,37%	4
1977	**2017**	**40**	**5,35%**	**6,80%**	**14**

Para un residente en España, la rentabilidad del metal hubiera sido similar en ambos períodos de 20 años (6,24% anual en el primero y 7,37% anual en el segundo) debido a la diferente evolución del dólar. Para los inversores cuya moneda es el dólar estadounidense, el oro solo genera plusvalías. Para los demás inversores hay que tener en cuenta además la apreciación del dólar.

5.4. Las mejores épocas para tener oro

El oro y otros metales preciosos fueron las mejores inversiones en la época de alta inflación de 1973 a 1979, por dos motivos: porque estos activos tienden a subir con el nivel general de precios y porque las épocas de elevada inflación son negativas para la economía, de modo que los metales sacan a relucir su condición de valores refugio.

Cuando la inflación es muy alta, los tipos de interés también lo son, lo cual es negativo para la bolsa porque a las empresas les sale caro pedir recursos ajenos para invertir y porque los inversores prefieren los títulos de renta fija por su elevado rendimiento. Sin embargo, a menudo la inflación es incluso superior a los tipos de interés después de impuestos, de modo que los tipos de interés reales pueden ser negativos. En este contexto, el oro y otros metales no se ven perjudicados por el hecho de no proporcionar rendimiento alguno, al igual que ocurre cuando los tipos de interés son muy bajos.

Marc M. Groz, de la consultoría financiera Quaternion Group, llevó a cabo un estudio sobre la relación entre el oro y la inflación en un período de 25 años. Calculó la plusvalía del oro en períodos de inflación elevada (más del 6% anual), moderada (entre el 3,5% y el 6% anual) y reducida (menos del 3,5% anual). Encontró que la plusvalía media del oro fue del 22% en los períodos de inflación elevada (aunque con una variabilidad muy alta) mientras que en períodos de inflación moderada la rentabilidad media fue ligeramente negativa. Pero en los períodos de baja inflación el oro se revalorizó una media de un 11,1% anual y además lo hizo con una variabilidad muy inferior a la de los períodos de inflación elevada. La razón más probable de este buen comportamiento es que en épocas de baja inflación los tipos de interés también son bajos, lo cual reduce el coste de oportunidad de mantener oro. En cambio, en las épocas de inflación moderada, los tipos de interés, tanto nominales como reales, son relativamente altos, lo que penaliza a un activo como el oro que no produce rendimiento alguno.

Se dice que el oro es un buen refugio contra la inflación y en momentos de incertidumbre. Sin embargo, esto no equivale a decir que refugiarse sea rentable. Haber comprado oro en los años de alta inflación de 1979-1982 no habría sido buena inversión ni siquiera a largo plazo. Por otro lado, en los momentos de incertidumbre en los que el oro se ha disparado de precio, el metal tampoco ha sido una buena inversión.

Es interesante tener oro antes de que tenga lugar una época de alta inflación o un suceso económico o geopolítico de gran repercusión, no cuando dichas circunstancias ya se han producido. Es decir, es mejor comprar oro en contextos de baja incertidumbre relativa. Si se adquiere en situaciones de gran incertidumbre se puede llegar a pagar un precio demasiado alto.

En definitiva, el oro es mucho más interesante como activo de precaución que como activo refugio.

5.5. ¿Está el oro sobrevalorado?

El oro tiene características interesantes en un contexto de diversificación de activos pero no es un activo rentable a largo plazo, principalmente porque no genera rendimientos. Y es probable que en los próximos años la tendencia general del precio sea decreciente, aunque dentro de una tendencia a la baja también puede haber años positivos, por la razón que paso a explicar.

Antes de la primera guerra mundial, las épocas de inflación, que normalmente coincidían con guerras o épocas de malas cosechas, se compensaban a continuación con períodos de deflación, de manera que los precios volvían a niveles similares a los precedentes. Por ejemplo, en 1914 el nivel de precios en Estados Unidos era similar al de 1824. El oro evolucionaba de forma parecida al nivel de precios. En el libro *Global Investing*, Ibbotson y Brinson afirman que a lo largo de la historia una onza de oro había permitido comprar un buen traje de caballero, para querer expresar que el poder adquisitivo del oro había sido más o menos constante.

En junio de 1834 el congreso de los Estados Unidos aprobó una ley que fijó el precio de la onza de oro en 20,67 dólares. Esta paridad permaneció inalterada hasta 1934, cuando el presidente Roosevelt revaluó el oro a 35 dólares la onza para tener en cuenta la inflación acumulada en los años precedentes.

Entre 1934 y 1970 el nivel general de precios medido por el índice de precios al consumo se había multiplicado por 2,97, mientras que la cotización del oro había quedado invariable en los 35 dólares por onza. Se podía prever que el oro debía recuperar el terreno perdido. Es decir, en 1970 debería haber valido el triple que en 1934, suponiendo que el precio de 35 dólares la onza fijado en 1934 fuera en aquel momento el valor correcto. Baso mi tesis en que, efectivamente, fue un valor correcto, al menos de forma aproximativa.

Al final de 1994 el precio del oro fue de 383,25 dólares, 10,95 veces más que cincuenta años antes. El nivel general de precios en Estados Unidos se multiplicó por 11,30 en el mismo período, casi exactamente en la misma proporción.

En mi estudio de 1945-1994 averigüé que la relación entre el precio del oro en divisa local y la inflación también se cumplía en otros países. En España, el precio del oro en pesetas se multiplicó por 95,3 mientras que el nivel general de precios lo hizo por 87,3. No es tanta diferencia como parece: en términos anuales el oro se revalorizó un 9,54% anual y la inflación fue del 9,35% anual: una diferencia de solo un 0,2% anual. Para Francia, Alemania y Reino Unido, que padecieron los efectos de la segunda guerra mundial en mucha mayor medida que Estados Unidos y España, me basé en el período 1950-1994. En Alemania, el precio en marcos alemanes se multiplicó por cuatro, exactamente igual que el nivel general de precios. En Francia, el precio del oro en francos se multiplicó por 16,6 (un 6,44% anual) mientras que la inflación lo hizo por 15,5 (un 6,28% anual). En Reino Unido el precio del oro en libras esterlinas se multiplicó por 19,7 (un 6,85% anual) y la inflación por 18,2 (un 6,66% anual).

La tabla siguiente compara el precio de la onza de oro con el precio que hubiera tenido el metal si se hubiera actualizado cada año en función de la inflación acumulada desde principios de 1934. Vemos que el precio en términos reales del oro en 1934 y el precio de mercado en 1994 fue prácticamente el mismo. El precio del oro continuó bajando hasta el año 2000, cuando se alcanzó una infravaloración del 40%, según el método indicado.

Año	Precio onza de oro en $		Diferencia	Año	Precio onza de oro en $		Diferencia
	corriente	real 1934			corriente	real 1934	
1968	43,5	94,0	-53,7%	1993	391,8	385,1	1,7%
1969	41,0	99,8	-58,9%	1994	383,3	395,5	-3,1%
1970	38,9	105,4	-63,1%	1995	387,0	405,4	-4,5%
1971	44,6	108,8	-59,0%	1996	369,0	418,7	-11,9%
1972	63,8	112,5	-43,3%	1997	287,1	425,8	-32,6%
1973	106,5	122,4	-13,0%	1998	288,7	432,7	-33,3%
1974	183,8	137,4	33,8%	1999	290,3	444,4	-34,7%
1975	139,3	146,8	-5,1%	2000	272,7	459,5	-40,7%
1976	133,8	154,0	-13,2%	2001	276,5	466,8	-40,8%
1977	161,1	164,4	-2,0%	2002	342,8	478,0	-28,3%
1978	208,1	179,2	16,1%	2003	417,3	487,1	-14,3%
1979	459,0	203,0	126,1%	2004	435,6	503,2	-13,4%
1980	594,9	228,4	160,4%	2005	513,0	520,3	-1,4%
1981	400,0	248,7	60,8%	2006	635,7	533,3	19,2%
1982	447,0	258,2	73,1%	2007	836,5	555,1	50,7%
1983	380,0	268,0	41,8%	2008	869,8	555,7	56,5%
1984	308,0	278,4	10,6%	2009	1.087,5	570,7	90,5%
1985	327,0	289,0	13,2%	2010	1.420,3	579,3	145,2%
1986	390,9	292,2	33,8%	2011	1.531,0	596,7	156,6%
1987	486,5	305,1	59,5%	2012	1.664,0	607,0	174,1%
1988	410,2	318,5	28,8%	2013	1.204,5	616,1	95,5%
1989	401,0	333,1	20,4%	2014	1.199,3	620,8	93,2%
1990	386,2	353,4	9,3%	2015	1.060,0	625,4	69,5%
1991	353,2	364,4	-3,1%	2016	1.145,9	638,3	79,5%
1992	333,0	375,0	-11,2%	2017	1.296,5	651,8	98,9%

En los años siguientes el metal subió de forma progresiva hasta que en 2006 empezó a estar sobrevalorado. El 6 de septiembre de 2011 alcanzó un máximo histórico de 1.923 dólares por onza, cinco veces el precio de 1994. A ese precio, el oro estaba muy sobrevalorado, siempre según la metodología comentada, pues valía más del triple del precio real de 1934. Actualmente, a un precio de 1.225 dólares la onza el oro tal vez continúe sobrevalorado, a pesar de la caída del 36% desde los máximos históricos.

Podría ocurrir, por ejemplo, que en 2022 la onza de oro esté a 1.000 dólares y que la inflación acumulada desde 2017 en Estados Unidos haya sido del 10%, lo que daría un precio "correcto" de unos 720 dólares. La sobrevaloración se habrá reducido entonces al 39%. Podría ocurrir también que el oro volviera a estar infravalorado. Son posibilidades que no hay que descartar, por lo que hay que evitar dar un peso excesivo al metal en un capital diversificado.

5.6. Cómo comprar oro

La forma más tradicional de invertir en oro es a través de lingotes pero comprar oro físico tiene unos elevados costes de transacción y su conservación puede implicar gastos de custodia también altos. En el mismo momento de la adquisición, el precio de compra puede diferir bastante del precio de venta.

La forma más práctica de adquirir oro como activo de inversión es a través de un fondo de inversión indexado cotizado. De esta manera se aprovechan las características del metal precioso y se le añade otra de la que carece por naturaleza: liquidez.

Los fondos cotizados que invierten en oro no suelen ser tener la forma de un ETF sino de un ETC, que significa *Exchange-Traded Commodities* (materias primas cotizadas). Como los fondos que invierten en una sola materia prima incumplen los requisitos de diversificación de la normativa UCITS, deben adoptar una forma legal diferente en la Unión Europea. Suiza, en cambio, sí admite ETFs en oro. A veces se usan las siglas ETPs (*Exchange-Traded Products*) para englobar tanto a los ETFs como a los ETCs.

Sin embargo, como los ETCs en oro físico no son fondos UCITS, no se benefician de la exención fiscal por traspaso de fondos. Otros ETFs en oro, por ejemplo los que invierten en acciones de empresas productoras de oro, sí pueden ser UCITS, pero no están referenciados al precio del oro.

Un ETC es un producto pasivo que replica de forma directa la evolución del precio de una o más materias primas, de tal forma que el precio de un ETC en oro variará de la misma manera que la cotización del metal. Los ETC que están respaldados físicamente (*Physicalley Backed ETCs*) deben tener una cantidad de oro físico equivalente al valor del fondo. Es decir, las participaciones de un ETC en oro físico son títulos-valores respaldados por oro.

Si invierto 1.000 € en un ETC de estas características, ese dinero tiene su contravalor en el metal precioso. En tanto que el oro cotiza en dólares, el valor en euros dependerá del tipo de cambio euro-dólar.

Para encontrar un fondo cuyo precio evolucione de la misma forma que el del oro, podemos seguir el mismo procedimiento descrito para los fondos cotizados de renta fija (apartado 3.13). En la "búsqueda rápida de ETFs" de Morningstar seleccionamos "Materias Primas - Metales Preciosos" y le damos al botón "Ir".

Luego podemos ordenar los fondos según su rentabilidad media anual en los últimos 10, 5, 3... años. En la captura de pantalla siguiente, estos se han ordenado según la rentabilidad a 10 años. Vemos que aparecen ETFs vinculados a otros metales, como el paladio.

Nombre	Riesgo Morningstar (Rel Categoría)	Vol. (3 a)	Año %	1 a%	3 a% anualiz.	5 a% anualiz.	10 a% anualiz.
ETFS Physical Palladium ETC EUR	-	31,86	-9,70	4,30	12,38	7,24	12,15
ETFS Physical Palladium ETC EUR	-	32,12	-10,05	4,96	12,48	7,27	12,09
ETFS Physical Palladium ETC	-	32,36	-10,53	4,30	12,21	7,13	12,06
ETFS Physical Palladium ETC EUR	-	33,90	-10,03	4,40	12,37	7,20	11,72
ETFS Physical Gold EUR	-	12,65	-3,54	-3,19	1,39	0,79	5,56
ETFS Physical Gold EUR	-	12,86	-3,91	-3,21	1,39	0,77	5,54
ETFS Physical Gold GBP	-	13,01	-3,50	-3,21	1,44	0,84	5,52
ETFS Physical Gold	-	12,65	-3,43	-3,21	1,36	0,80	5,52
ETFS Physical Gold EUR	-	12,70	-3,95	-3,26	1,37	0,78	5,51
Gold Bullion Securities ETC EUR	-	11,84	-3,55	-3,21	1,33	0,76	5,51

El primer fondo cotizado vinculado al oro que encontramos es el ETFS Physical Gold EUR. ETFS son las siglas de la gestora Exchange Traded Securities, uno de los líderes en fondos cotizados en materias primas y la creadora de los ETCs. Si accedemos a la información del producto, leemos lo siguiente: "ETFS Physical Gold está destinado a proporcionar a los inversores una rentabilidad equivalente a los movimientos en el precio al contado del oro menos los gastos." Es decir, es un fondo indexado al precio del oro. Si buscamos información sobre la entidad gestora del producto en el recuadro "Gestión" del menú de la izquierda vemos que está domiciliada en Jersey y que no sigue la normativa UCITS pero es "UCITS *eligible*" (es decir, puede ser adquirido por un fondo UCITS). El Gold Bullion Securities, gestionado también por ETFS, empezó a negociarse en la Bolsa de Londres en enero de 2004 y fue el primer ETC en estar respaldado por oro físico.

La tabla siguiente recoge la rentabilidad del oro en euros y la de los principales fondos cotizados que invierten en oro físico, también en euros. Los datos han sido obtenidos de Morningstar. Vemos que las rentabilidades son muy similares entre sí y a la de la propia cotización del oro en euros. Las diferencias pueden deberse a la cotización del oro y al tipo de cambio euro-dólar tomados como referencia ya que los fondos cotizan en mercados diferentes.

Año	Oro en €	iShares	ETFS	Xetra-Gold	XTrackers	Invesco	db
2011	11,66%		14,75%	13,94%	15,03%	14,43%	13,66%
2012	6,23%	3,84%	3,19%	3,80%	3,93%	3,91%	3,46%
2013	-30,82%	-30,94%	-31,11%	-30,64%	-31,01%	-30,78%	-30,79%
2014	13,06%	13,33%	12,64%	11,54%	13,31%	11,18%	11,15%
2015	-1,68%	-1,67%	-1,66%	0,45%	-1,68%	0,17%	0,14%
2016	11,45%	12,23%	12,23%	12,40%	12,16%	11,90%	12,00%
2017	0,48%	-1,91%	-1,37%	1,67%	-1,91%	-1,90%	-1,85%

El más rentable ha sido el Xetra-Gold, pero aquí hay una pequeña "trampa". Este ETC, gestionado por Deutsche Boerse (Bolsa Alemana), no tiene, a diferencia de los otros productos, comisión de gestión (la cual se descuenta de la rentabilidad), sino una comisión de custodia del 0,30% anual que se cobra aparte en la cuenta del titular. Aun así, su rendimiento ha sido muy similar al del oro. Una consulta realizada a Deutsche Boerse me ha confirmado que este fondo está disponible para inversores españoles, aunque no necesariamente a través de todas las instituciones financieras.

Hay todavía pocos ETCs de oro que puedan adquirirse desde España, por lo que tenemos que consultar a nuestro intermediario cuáles tiene disponibles. Lamentablemente, no hay ninguno que cotice en la bolsa española, de manera que las comisiones aplicadas serán las mismas que para acciones extranjeras. El Xetra-Gold y las versiones en euros de Invesco y db cotizan en la bolsa alemana, el ETFS en la bolsa italiana y los otros en la bolsa de Londres.

5.7. *Garantía legal de los fondos cotizados en oro*

En los folletos explicativos de los fondos cotizados en oro solemos encontrar advertencias como esta: "Este producto no incluye protección alguna contra la evolución futura del mercado, por lo que podría perder una parte o la totalidad de su inversión" (iShares) o "si el precio del oro cae, el inversor puede perder parte de o todo el capital invertido" (Xetra-Gold). Aquí se están refiriendo al riesgo de mercado y la advertencia resulta desproporcionada porque el oro nunca valdrá cero. Pero hay otras consideraciones importantes a tener en cuenta.

Una participación en un fondo cotizado en oro no es un título de propiedad sino de deuda. Aunque este se halla respaldado por su contravalor en oro físico, cuando un inversor compra una participación lo que ocurre es lo siguiente:

La entidad gestora que recibe el dinero compra oro por el valor correspondiente y deposita el metal en una entidad depositaria, por ejemplo un banco. El depositario abre una cuenta segregada a favor de la gestora en la que reconoce a esta la titularidad del oro depositado. Una cuenta segregada es una cuenta separada del resto de activos del depositario, de modo que si este se vuelve insolvente, los fondos de dicha cuenta quedan a salvo. La titular del oro es, pues, la entidad gestora, pero el oro pertenece en última instancia a los inversores del fondo. Por eso, desde un punto de vista legal, la entidad gestora debe el oro a los inversores. Dicho de otro modo, estos le prestan dinero para que compre oro y se encargue de su custodia.

A su vez, el depositario puede confiar el oro a otra entidad depositario (subcustodio), en cuyo caso debe repetirse el mismo esquema: el subcustodio debe abrir una cuenta segregada a favor del depositario.

En los documentos informativos (KIID) y los folletos completos se dice que si la entidad que gestiona el fondo se volviera insolvente, el oro bajo custodia no quedaría afectado, y que si fuera la entidad depositaria, o el subcustodio, quienes se declararan insolvente, el oro tampoco debería quedar afectado.

Sin embargo, siempre acaba uno por toparse con la temida advertencia: en caso de insolvencia de la entidad gestora o del depositario, el inversor no tendrá derecho a reclamación alguna. Por ejemplo, en el documento informativo del iShares Physical Gold ETC (que está sujeto a la supervisión del Banco Central de Irlanda y a la legislación del Reino Unido) leemos: "En virtud de lo establecido, el Plan de Compensación de Servicios Financieros del Reino Unido (*Financial Services Compensation Scheme*) ni ningún otro plan ofrecerá ninguna compensación en caso de insolvencia de la Sociedad, el Depositario, los depositarios secundarios, el Organizador o el Fiduciario."

El caso es que pueden darse eventos improbables, como el robo, la pérdida o el deterioro de todo o parte del oro custodiado. En tal circunstancia la entidad depositaria está obligada a indemnizar a la entidad gestora. Pero hay que diferenciar entre "estar obligado a" y "ser capaz de cumplir con las obligaciones". Si el depositario no tuviera medios suficientes para indemnizar a la entidad gestora, el fondo sufriría pérdidas. Cuando lo improbable ocurre, lo más probable es que el que acabe sufriendo las consecuencias sea el inversor.

Un fondo cotizado no logra hacer desaparecer por completo el mayor riesgo que tienen los activos reales, el de deterioro, pérdida o robo. De todos modos, el oro está más seguro en el sótano de un banco que en casa.

El riesgo se reduce considerablemente si tanto la entidad gestora como la depositaria son de reconocida solvencia, como es el caso del iShares Physical Gold, cuya gestora es BlackRock y la entidad depositaria, JP Morgan Chase, que se encuentran entre las mayores instituciones financieras del mundo. Aun así, confiamos en que en un futuro próximo dispongamos de un fondo cotizado en la bolsa española, tanto por lo que representaría en términos de comisiones como de protección legal.

Tercera parte:

Así se crea el ahorro seguro y rentable

1. Combinaciones con mejor relación rentabilidad-riesgo

1.1. Menos riesgo y más rentabilidad: es posible

En la primera parte anticipé que la seguridad y la rentabilidad podían ser compatibles. La primera clave es diversificar el capital en activos que estén poco correlacionados, es decir que tiendan a ir en direcciones diferentes según el contexto económico. Esto no implica plantear un juego de suma cero donde lo ganado con un activo se pierda con otro. Se trata, por un lado, de reducir las fluctuaciones del capital, lo que permite una recuperación mucho más rápida cuando hay pérdidas. Por ejemplo, para recuperar una pérdida del 10% basta con ganar un 11,1% (si tenía 100 y me quedo con 90, necesito ganar un 11,1% sobre 90 para volver a tener 100), mientras que para recuperar una pérdida del 30% necesito ganar un 42,8% (si tenía 100 y me quedo con 70, necesito ganar 30 sobre 70, o sea un 42,8%).

Por otro lado, se trata de dar valor estratégico a los activos más seguros y menos rentables, los cuales dejan de ser un lastre para nuestro capital para convertirse en una fuente de oportunidades. Cuando tenemos el capital diversificado en activos de riesgo pero rentables y en activos sin riesgo pero no rentables, estos aumentan de valor en términos relativos cuando los primeros bajan de precio. Cuando los activos de riesgo (si son de calidad) se vuelven más baratos, su riesgo disminuye y su potencial de revalorización aumenta, por lo que tiene sentido destinar una parte del ahorro que tenemos clasificado como de bajo riesgo a la adquisición de activos cuyo riesgo se ha reducido.

Bien es cierto que las tendencias bajistas tienden a ser largas (entre 10 y 14 meses en el caso de las acciones), por lo que no es necesario tener prisa a la hora de comprar sino tener una pauta regular que evite tanto la precipitación como la pérdida de oportunidades.

La segunda clave para conseguir una rentabilidad segura es reequilibrar la cartera de activos con regularidad, preferiblemente una vez al año. Si hemos establecido la pauta de tener un 50% en bolsa y un 50% en una cuenta de ahorro al principio de cada año, y al cabo del año la bolsa sube un 20% mientras que hemos ganado un interés del 1% en la cuenta de ahorro, al final tendremos un 54,3% en bolsa y un 45,7% en la cuenta. Convendrá vender un 4,3% de lo que tenemos en bolsa e ingresarlo en la cuenta de ahorro. De esta forma se evita sobreponderar en exceso los activos de mayor riesgo.

En cambio, si perdemos un 20% con las acciones, tendremos un 44,2% en bolsa y un 55,8% en la cuenta, por lo que valdrá la pena destinar un 5,8% de esta a comprar más acciones.

Por tanto, se puede gestionar el capital adecuadamente reajustando la cartera de activos solo una vez al año con un mínimo de operaciones, únicamente las necesarias para que cada activo tenga las ponderaciones iniciales al principio de cada ejercicio.

La seguridad no puede consistir en no perder nunca porque entonces tampoco se gana nada. La seguridad tiene más que ver con la frecuencia con la que se gana y con la posibilidad de recuperar pérdidas rápidamente. Ello requiere que las pérdidas sean ocasionales, espaciadas en el tiempo y moderadas. De hecho, cuando compramos un título del Estado a corto plazo, existe cierta posibilidad de tener una minusvalía moderada pero en tal caso esta se recupera rápidamente. Por eso consideramos que es un activo de bajo riesgo.

En las combinaciones siguientes veremos que se puede obtener en torno al 80% de la rentabilidad de la bolsa con la tercera parte del riesgo, ya sea en términos de años negativos o de volatilidad. Con un pequeño sacrificio de seguridad se obtiene una gran ganancia en rentabilidad. Es posible incluso, como veremos a continuación, que una combinación de activos sea más rentable y más segura que cualquiera de los activos que la componen.

1.2. Bolsa y oro

A pesar de que la bolsa y el oro son activos de riesgo alto, la combinación de ambos genera un menor número de años negativos que cada activo por separado. Esto se debe a que el metal precioso tiende a evolucionar en sentido diferente a la bolsa.

Tener la mitad del capital en oro es excesivo pero se trata de ver los resultados que genera la combinación. Esta puede, a su vez, ser complementada con otros activos (bolsas de otros países, renta fija y divisas, como veremos más adelante).

En la tabla de la página siguiente se constata que entre 1978 y 2017 la bolsa española tuvo trece años negativos y el oro (en moneda española) catorce. En cambio, un capital invertido a partes iguales en ambos activos solo hubiera producido pérdidas en siete años y nunca en ejercicios consecutivos, como sí fue el caso de la bolsa (1978-1979, 2000-2002 y 2010-2011) y del oro (1984-1985, 1988-1991, 1994-1995 y 1997-1998).

Entre 1978 y 2017 la rentabilidad con dividendos netos de la bolsa española fue del 11,94% anual mientras que la de la combinación fue algo menor, del 10,85%, pero con casi la mitad de años negativos. Por otro lado, la bolsa tuvo tres ejercicios con pérdidas superiores al 20% (1990, 2002 y 2008), mientras que la combinación bolsa-oro nunca perdió más de dicho porcentaje (el peor año fue 1990, con una rentabilidad negativa del 18,9%).

Año	Bolsa española	Oro	Bolsa & Oro	Año	Bolsa española	Oro	Bolsa & Oro
1978	-5,2%	11,9%	3,4%	1998	39,0%	-6,5%	16,3%
1979	-10,3%	108,3%	49,0%	1999	19,0%	18,0%	18,5%
1980	15,0%	55,3%	35,1%	2000	-10,9%	1,4%	-4,7%
1981	33,6%	-17,3%	8,1%	2001	-4,2%	7,1%	1,4%
1982	-11,7%	44,0%	16,1%	2002	-21,0%	4,2%	-8,4%
1983	28,9%	6,1%	17,5%	2003	31,9%	1,1%	16,5%
1984	50,9%	-10,3%	20,3%	2004	22,2%	-3,2%	9,5%
1985	41,6%	-5,6%	18,0%	2005	24,7%	36,0%	30,4%
1986	114,4%	2,6%	58,5%	2006	39,3%	11,0%	25,2%
1987	11,8%	2,5%	7,1%	2007	8,4%	17,7%	13,1%
1988	23,9%	-12,2%	5,9%	2008	-37,7%	10,0%	-13,8%
1989	10,6%	-5,5%	2,5%	2009	31,8%	20,8%	26,3%
1990	-23,0%	-14,9%	-18,9%	2010	-15,6%	40,8%	12,6%
1991	14,0%	-8,7%	2,6%	2011	-9,9%	11,7%	0,9%
1992	-8,6%	11,7%	1,6%	2012	3,2%	6,2%	4,7%
1993	55,0%	46,5%	50,8%	2013	28,3%	-30,8%	-1,2%
1994	-9,7%	-9,8%	-9,8%	2014	7,9%	13,1%	10,5%
1995	15,0%	-6,9%	4,0%	2015	-4,0%	-1,7%	-2,9%
1996	42,1%	2,1%	22,1%	2016	1,7%	11,4%	6,6%
1997	44,7%	-8,7%	18,0%	2017	11,2%	0,5%	5,9%

De diciembre de	a diciembre de	Bolsa española		Oro en moneda española		Combinación	
		Rentabilidad	Años neg.	Rentabilidad	Años neg.	Rentabilidad	Años neg.
1977	1987	22,51%	3	15,07%	3	22,16%	0
1987	1997	13,80%	3	-1,90%	7	6,47%	2
1997	2007	12,98%	3	8,05%	2	11,11%	2
2007	2017	-0,31%	4	6,69%	2	4,46%	3
1977	1997	18,07%	6	6,24%	10	14,04%	2
1997	2017	6,13%	7	7,37%	4	7,74%	5
1977	2017	11,94%	13	6,80%	14	10,85%	7

En el período de 20 años de 1998 a 2017, la combinación fue más rentable que los dos activos por separado: la bolsa dio un 6,13% anual y el oro un 7,37% mientras que ambos activos combinados proporcionaron un 7,74% anual. Además, la combinación solo tuvo cinco años negativos mientras que la bolsa española generó pérdidas en siete años. La explicación de por qué una combinación de activos puede ser más rentable que la de cualquiera de los dos activos por separado puede encontrarse en el apartado 3.3. de la primera parte.

1.3. Bolsa y activos monetarios

La combinación de bolsa española y depósitos a un año o Letras del Tesoro es otra forma de reducir el riesgo de las acciones sin sacrificar rentabilidad en exceso. La rentabilidad de la combinación fue del 9,34% anual en todo el período, frente al 11,94% anual de la bolsa, pero solo hubo un año con pérdidas superiores al 10%. Sin embargo, se puede observar que la combinación bolsa-oro fue bastante mejor en términos de rentabilidad-riesgo, a pesar de que el riesgo de los activos monetarios fue nulo y el del oro fue significativo.

Año	Bolsa española	Interés 1 año	Bolsa & Interés 1 a.	Año	Bolsa española	Interés 1 año	Bolsa & Interés 1 a.
1978	-5,2%	7,8%	1,3%	1998	39,0%	3,5%	21,3%
1979	-10,3%	8,9%	-0,7%	1999	19,0%	2,3%	10,7%
1980	15,0%	9,3%	12,1%	2000	-10,9%	3,1%	-3,9%
1981	33,6%	9,6%	21,6%	2001	-4,2%	3,7%	-0,3%
1982	-11,7%	10,0%	-0,9%	2002	-21,0%	2,5%	-9,2%
1983	28,9%	10,2%	19,6%	2003	31,9%	2,3%	17,1%
1984	50,9%	10,3%	30,6%	2004	22,2%	1,9%	12,1%
1985	41,6%	9,2%	25,4%	2005	24,7%	1,7%	13,2%
1986	114,4%	7,8%	61,1%	2006	39,3%	2,2%	20,7%
1987	11,8%	6,9%	9,4%	2007	8,4%	3,0%	5,7%
1988	23,9%	9,4%	16,6%	2008	-37,7%	3,3%	-17,2%
1989	10,6%	10,4%	10,5%	2009	31,8%	1,2%	16,5%
1990	-23,0%	10,5%	-6,2%	2010	-15,6%	0,7%	-7,4%
1991	14,0%	11,6%	12,8%	2011	-9,9%	2,4%	-3,8%
1992	-8,6%	9,6%	0,5%	2012	3,2%	1,7%	2,5%
1993	55,0%	11,0%	33,0%	2013	28,3%	2,1%	15,2%
1994	-9,7%	6,2%	-1,7%	2014	7,9%	0,6%	4,2%
1995	15,0%	7,6%	11,3%	2015	-4,0%	0,3%	-1,9%
1996	42,1%	7,0%	24,6%	2016	1,7%	0,0%	0,9%
1997	44,7%	4,6%	24,7%	2017	11,2%	0,0%	5,6%

De diciembre de	a diciembre de	Bolsa española		Interés a un año		Combinación	
		Rentabilidad	Años neg.	Rentabilidad	Años neg.	Rentabilidad	Años neg.
1977	1987	22,51%	3	8,99%	0	16,71%	2
1987	1997	13,80%	3	8,77%	0	11,96%	2
1997	2007	12,98%	3	2,62%	0	8,27%	3
2007	2017	-0,31%	4	1,22%	0	1,01%	4
1977	1997	18,07%	6	8,88%	0	14,31%	4
1997	2017	6,13%	7	1,92%	0	4,58%	7
1977	2017	11,94%	13	5,34%	0	9,34%	11

1.4. Bolsa y obligaciones a 10 años

Combinar bolsa y títulos de deuda pública a 10 años generó una rentabilidad del 10,69% anual, cercana a la de la bolsa (11,94% anual) entre 1978 y 2017, con una notable reducción de la volatilidad. En los últimos veinte años, la rentabilidad de la combinación fue casi la misma que la de la bolsa pero con un riesgo significativamente inferior. Esta es la combinación recomendada por el inversor Warren Buffett, aunque con porcentajes muy diferentes: 90% en bolsa (de Estados Unidos) y 10% en obligaciones (del Estado americano).

Año	Bolsa española	Obligaciones 10 años	Bolsa & Obligaciones	Año	Bolsa española	Obligaciones 10 años	Bolsa & Obligaciones
1978	-5,2%	16,7%	5,8%	1998	39,0%	13,2%	26,1%
1979	-10,3%	-5,9%	-8,1%	1999	19,0%	-2,5%	8,3%
1980	15,0%	13,3%	14,2%	2000	-10,9%	5,1%	-2,9%
1981	33,6%	12,0%	22,8%	2001	-4,2%	5,4%	0,6%
1982	-11,7%	9,5%	-1,1%	2002	-21,0%	7,0%	-7,0%
1983	28,9%	14,9%	21,9%	2003	31,9%	4,3%	18,1%
1984	50,9%	26,0%	38,4%	2004	22,2%	8,6%	15,4%
1985	41,6%	19,5%	30,5%	2005	24,7%	3,3%	14,0%
1986	114,4%	3,0%	58,7%	2006	39,3%	0,5%	19,9%
1987	11,8%	14,9%	13,3%	2007	8,4%	0,7%	4,6%
1988	23,9%	1,9%	12,9%	2008	-37,7%	6,1%	-15,8%
1989	10,6%	15,6%	13,1%	2009	31,8%	1,4%	16,6%
1990	-23,0%	5,9%	-8,5%	2010	-15,6%	-5,1%	-10,3%
1991	14,0%	20,1%	17,1%	2011	-9,9%	5,6%	-2,2%
1992	-8,6%	4,3%	-2,1%	2012	3,2%	4,3%	3,8%
1993	55,0%	29,5%	42,3%	2013	28,3%	13,6%	21,0%
1994	-9,7%	-4,7%	-7,2%	2014	7,9%	17,6%	12,7%
1995	15,0%	13,1%	14,0%	2015	-4,0%	3,4%	-0,3%
1996	42,1%	25,5%	33,8%	2016	1,7%	-0,4%	0,7%
1997	44,7%	11,8%	28,3%	2017	11,2%	1,8%	6,5%

De diciembre de	a diciembre de	Bolsa española		Obligaciones a 10 años		Combinación	
		Rentabilidad	Años neg.	Rentabilidad	Años neg.	Rentabilidad	Años neg.
1977	1987	22,51%	3	12,07%	1	18,24%	2
1987	1997	13,80%	3	11,83%	1	13,20%	3
1997	2007	12,98%	3	4,48%	1	9,23%	2
2007	2017	-0,31%	4	4,66%	2	2,69%	4
1977	1997	18,07%	6	11,95%	2	15,69%	5
1997	2017	6,13%	7	4,57%	3	5,91%	6
1977	**2017**	**11,94%**	**13**	**8,20%**	**5**	**10,69%**	**11**

1.5. Bolsa y francos suizos

Estos son los resultados de combinar un depósito en francos suizos con bolsa española (IGBM), estadounidense (DOW) o alemana (DAX). Todas estas combinaciones habrían generado pérdidas alrededor de dos de cada diez años. En el período 1998-2017 la rentabilidad media habría sido del 5% anual con una quinta parte de años negativos. Combinar bolsa española con francos suizos generó una rentabilidad similar a la combinación con activos monetarios (ver apartado 1.3.) pero con un número de años negativos bastante inferior.

Año	IGBM & Fr. suizo	DOW & Fr. suizo	DAX & Fr. suizo	Año	IGBM & Fr. suizo	DOW & Fr. suizo	DAX & Fr. suizo
1978	1,3%	-2,1%	5,8%	1998	20,0%	5,1%	9,8%
1979	-6,0%	0,7%	-8,3%	1999	9,7%	24,6%	19,7%
1980	12,8%	27,2%	5,9%	2000	-1,6%	5,1%	0,0%
1981	29,7%	21,6%	16,6%	2001	0,1%	1,9%	-7,8%
1982	3,9%	40,0%	28,0%	2002	-9,1%	-13,0%	-20,7%
1983	22,8%	36,1%	33,9%	2003	12,5%	-0,5%	14,8%
1984	23,5%	3,4%	-1,5%	2004	11,9%	-0,5%	4,2%
1985	27,6%	15,4%	50,9%	2005	12,2%	8,4%	13,1%
1986	63,4%	10,3%	13,1%	2006	18,6%	1,9%	9,6%
1987	9,3%	-3,2%	-11,5%	2007	3,7%	-2,0%	10,3%
1988	7,2%	5,2%	6,4%	2008	-13,1%	-8,3%	-14,7%
1989	4,4%	12,3%	17,2%	2009	16,4%	9,2%	11,9%
1990	-6,1%	-1,1%	-5,6%	2010	1,7%	20,5%	17,2%
1991	7,0%	11,5%	5,2%	2011	-3,4%	7,4%	-6,1%
1992	3,1%	20,7%	11,6%	2012	1,9%	3,9%	14,4%
1993	40,0%	34,8%	47,1%	2013	13,4%	10,8%	11,6%
1994	-1,4%	1,6%	1,3%	2014	5,0%	13,1%	2,1%
1995	10,8%	16,0%	6,6%	2015	3,2%	10,7%	9,8%
1996	18,4%	15,9%	10,9%	2016	1,7%	10,4%	3,9%
1997	26,0%	26,6%	26,9%	2017	1,4%	2,3%	1,8%

De diciembre de	a diciembre de	IGBM & Franco suizo		DOW & Franco suizo		DAX & Franco suizo	
		Rentabilidad	Años neg.	Rentabilidad	Años neg.	Rentabilidad	Años neg.
1977	1987	17,47%	1	13,98%	2	11,83%	3
1987	1997	10,23%	2	13,87%	1	11,94%	1
1997	2007	7,43%	2	2,71%	4	4,63%	2
2007	2017	2,53%	2	7,75%	1	4,75%	2
1977	1997	13,79%	3	13,93%	3	11,89%	4
1997	2017	4,95%	4	5,20%	5	4,69%	4
1977	2017	9,28%	7	9,47%	8	8,23%	8

1.6. Ganar el 90% de los años y no perder nunca más del 8%

La tabla siguiente recoge diversas combinaciones basadas en bolsa española (IGBM), oro, obligaciones, bolsa americana (DOW) y franco suizo (CHF). La tercera combinación, que incorpora los cinco activos a partes iguales, solo produjo pérdidas en cuatro de los cuarenta años del período completo. Además, estas nunca superaron el 8% en un año determinado y no tuvieron lugar en años consecutivos. La rentabilidad media fue del 10,09% anual entre 1978 y 2017, no muy alejada de la de la bolsa española (11,94% anual).

Año	IGBM, Oro Obligaciones	IGBM, DOW Oblig., CHF	IGBM, DOW Oblig., CHF, Oro	Año	IGBM, Oro Obligaciones	IGBM, DOW Oblig., CHF	IGBM, DOW Oblig., CHF, Oro
1978	7,8%	1,8%	3,8%	1998	15,2%	15,6%	11,2%
1979	30,7%	-3,7%	18,7%	1999	11,5%	16,4%	16,7%
1980	27,9%	20,7%	27,6%	2000	-1,5%	1,1%	1,2%
1981	9,4%	22,2%	14,3%	2001	2,8%	1,3%	2,4%
1982	13,9%	19,5%	24,4%	2002	-3,3%	-10,0%	-7,2%
1983	16,6%	29,0%	24,4%	2003	12,4%	8,8%	7,2%
1984	22,2%	20,9%	14,7%	2004	9,2%	7,4%	5,3%
1985	18,5%	23,0%	17,2%	2005	21,3%	11,2%	16,2%
1986	40,0%	34,5%	28,2%	2006	16,9%	10,9%	10,9%
1987	9,7%	5,0%	4,5%	2007	9,0%	1,3%	4,6%
1988	4,5%	9,1%	4,8%	2008	-7,2%	-12,0%	-7,6%
1989	6,9%	12,7%	9,0%	2009	18,0%	12,9%	14,5%
1990	-10,7%	-4,8%	-6,8%	2010	6,7%	5,1%	12,2%
1991	8,5%	14,3%	9,7%	2011	2,4%	2,6%	4,4%
1992	2,5%	9,3%	9,8%	2012	4,6%	3,8%	4,3%
1993	43,7%	38,5%	40,1%	2013	3,7%	15,9%	6,5%
1994	-8,1%	-2,8%	-4,2%	2014	12,8%	12,9%	13,0%
1995	7,1%	15,0%	10,6%	2015	-0,8%	5,2%	3,8%
1996	23,2%	24,9%	20,3%	2016	4,3%	5,5%	6,7%
1997	16,0%	27,4%	20,2%	2017	4,5%	4,4%	3,6%

De diciembre de	a diciembre de	IGBM, Obligaciones, Oro Rentabilidad	Años neg.	IGBM, DOW, Oblig., CHF Rentabilidad	Años neg.	IGBM, DOW, Obl., Oro, CHF Rentabilidad	Años neg.
1977	1987	19,27%	0	16,70%	1	17,49%	0
1987	1997	8,41%	2	13,66%	2	10,66%	2
1997	2007	9,10%	2	6,11%	1	6,63%	1
2007	2017	4,71%	2	5,37%	1	5,97%	1
1977	1997	13,71%	2	15,17%	3	14,02%	2
1997	2017	6,88%	4	5,74%	2	6,30%	2
1977	2017	10,24%	6	10,35%	5	10,09%	4

2. Resumen y conclusiones

A lo largo de esta monografía hemos podido conocer las ventajas de las combinaciones de activos:

* permiten una clara mejoría en la relación rentabilidad-riesgo,
* frente a los activos seguros, proporcionan una ganancia de rentabilidad muy superior al incremento relativo del riesgo,
* causan un menor número de años negativos que los activos de riesgo, y en los años negativos las pérdidas son más moderadas,
* producen resultados mejor repartidos a lo largo del tiempo que cada activo por separado,
* dan un valor estratégico a los activos menos rentables,
* evitan malvender activos en períodos de elevada volatilidad.

Hemos visto que es posible construir una cartera de activos que generen todas estas ventajas a partir de activos monetarios, divisas, renta fija a largo plazo, oro y bolsas de diferentes países.

Una combinación basada en partes iguales en bolsa española y de Estados Unidos, obligaciones a 10 años, oro y franco suizo dio una rentabilidad del 10,09% anual entre 1978 y 2017, cercana a la de la bolsa española, que fue del 11,94% anual. Pero la combinación solo dio pérdidas en cuatro años, e inferiores al 8%, mientras que la bolsa española perdió un 10% o más en nueve de esos cuarenta años. Entre 1998 y 2017, dicha combinación dio una rentabilidad del 6,3% anual, un 1% anual menos que la de los dos activos más rentables (bolsa de Estados Unidos y oro) pero con solo dos años negativos, mientras que la bolsa americana perdió en cinco años y el oro bajó en cuatro.

Los últimos veinte años (1998-2017) no han sido tan favorables para invertir como los veinte precedentes (1978-1997), tal como puede verse en la tabla siguiente, que indica la rentabilidad en euros de cada uno de los activos considerados. Desde 1998 se han sucedido diversas crisis (sudeste asiático y Rusia en 1998, estallido de la burbuja tecnológica en 2000, escándalos corporativos en Estados Unidos en 2002, crisis financiera de 2008, crisis del euro en 2010-2012) que han propiciado una progresiva caída de los tipos de interés que no ha favorecido ni a los ahorradores conservadores ni necesariamente a aquellos dispuestos a asumir más riesgos.

Período	Interés 12 meses	Depósitos dólares	Depósitos fr. suizos	Obligaciones 10 años	Bonos 5 años	Bolsa España	Bolsa EEUU	Bolsa Alemania	Oro
1978-1987	8,99%	8,66%	10,43%	12,07%	11,04%	22,51%	16,62%	11,64%	15,07%
1988-1997	8,77%	7,37%	5,06%	11,83%	10,69%	13,80%	21,76%	17,45%	-1,90%
1998-2007	2,62%	-0,45%	0,68%	4,48%	3,57%	12,98%	3,87%	6,36%	8,05%
2008-2017	1,22%	2,96%	3,71%	4,66%	3,26%	-0,31%	10,89%	4,16%	6,69%
1978-1997	8,88%	8,01%	7,71%	11,95%	10,86%	18,07%	19,16%	14,51%	6,24%
1998-2017	1,92%	1,24%	2,19%	4,57%	3,41%	6,13%	7,32%	5,25%	7,37%
1978-2017	5,34%	4,57%	4,91%	8,20%	7,07%	11,94%	13,09%	9,78%	6,80%

Sin embargo, hasta hace pocos años, las comisiones, los impuestos y la inflación se llevaban buena parte de las ganancias. Actualmente es posible invertir en una variedad de activos a través de fondos indexados con comisiones muy reducidas y con los cuales podemos igualar la rentabilidad de los índices bursátiles con dividendos netos y además evitar la tributación sobre las plusvalías. Por otro lado, la inflación en España se ha moderado de forma muy notable. Entre 1978 y 1997 fue del 8,24% anual mientras que de 1998 a 2017 fue del 2,19% anual (1,24% en los últimos diez años de este período). Por tanto, las rentabilidades en términos reales de cada período no difieren del mismo modo como lo hacen las nominales.

En mi libro *Un náufrago en la Bolsa*, aparecido en 2005, ya planteé la posibilidad de que la bolsa española pasara 16 años en una "isla desierta", contando desde marzo de 2000. La realidad ha sido aún peor, pues a pesar de que el mínimo del gran ciclo bajista se alcanzó en julio de 2012, en 2018 los índices estaban todavía por debajo de su nivel del año 2000. En el mismo libro dije que a ese período posiblemente le seguiría otro de tendencia alcista generalizada a largo plazo (aunque con las habituales fases bajistas de corto y medio plazo). Si bien ese es un escenario probable, no estaría de más ser precavido y no confiarlo todo a la bolsa.

Los expertos no se ponen de acuerdo sobre la evolución futura de los tipos de interés. Unos creen que la elevada deuda que han acumulado muchos países, entre ellos Estados Unidos, hace improbable que los bancos centrales practiquen una política monetaria muy restrictiva. Otros consideran, en cambio, que será el mercado el que ponga fin en algún momento al ciclo de los bajos tipos de interés porque la inflación volverá a aparecer y los inversores exigirán rendimientos más altos.

Al contrario de lo que suele creerse, una subida de los tipos de interés no tiene por qué ser negativa para la bolsa. Se han dado épocas con bolsas y tipos simultáneamente al alza porque el determinante último del valor de las acciones son los beneficios empresariales.

Si bien una subida de los tipos de interés favorece a los inversores conservadores, es preciso recordar que los títulos adquiridos con un interés menor al del mercado bajan de precio y pueden causar minusvalías si se venden antes del vencimiento. Dichas minusvalías serán tanto mayores cuanto mayor sea la duración del título y cuanto más rápida sea la subida de tipos.

En esta circunstancia es mejor optar por títulos de vencimientos más cortos y evitar los títulos a diez o más años.

En un contexto de tipos de interés al alza, el oro perdería atractivo ya que no genera rendimientos. Pero lo que más puede perjudicar al oro son tipos de interés reales relativamente elevados, es decir, que el tipo de interés nominal esté más de un 3% por encima de la inflación. En tal caso resulta rentable mantener títulos de renta fija y el oro presenta un elevado coste de oportunidad.

El futuro siempre está lleno de incertidumbres pero una adecuada combinación de activos permite hacer frente a todos los escenarios posibles. La combinación antes indicada (bolsa española y estadounidense, obligaciones del Tesoro a 10 años, oro y franco suizo) solo habría generado pérdidas en cuatro de los cuarenta años del período 1978-2017, nunca superiores al 8% y nunca en años consecutivos, a pesar de que no hemos tenido en cuenta en ningún caso si un activo estaba sobrevalorado o infravalorado, si el contexto económico era propicio o desfavorable para cada tipo de activo, ni ninguna otra consideración procedente del análisis económico o financiero. Este resultado no garantiza que vaya a ser así en el futuro pero nos demuestra que la diversificación en activos de diferente clase permite obtener una rentabilidad a largo plazo cercana a la de la bolsa pero con un riesgo mucho más asumible y sin necesidad de especular sobre el futuro.

En el capítulo anterior hemos visto combinaciones en las que siempre estaba presente la bolsa. ¿Qué ocurre si solo incorporamos renta fija, oro y divisas? En la tabla siguiente se indica las rentabilidades anuales, por períodos, de combinaciones con crecientes niveles de riesgo. La primera, la de menor riesgo, está compuesta solo por activos monetarios a un año y obligaciones a 10 años. Otras incluyen oro y franco suizo (CHF). La última es la de mayor riesgo, pues solo contiene bolsa, aunque diversificada en el mercado español (IGBM) y el estadounidense (DOW).

Período	Interés 1 a. Oblig. 10 a.	Int. 1 a, Oro Oblig. 10 a.	Int. 1 a, CHF Oblig. 10 a.	Int. 1 a, CHF Oblig., Oro	Int. 1a, Obl. Oro, IGBM	IGBM Interés 1 a.	Interés 1 a. IGBM, DOW	Oblig. 10 a. IGBM, DOW	IGBM DOW
1978-1987	10,61%	13,26%	10,64%	12,75%	16,77%	16,71%	17,51%	18,59%	21,23%
1988-1997	10,41%	6,50%	8,74%	6,21%	8,67%	11,96%	15,32%	16,14%	17,95%
1998-2007	3,57%	5,24%	2,62%	4,12%	7,53%	8,27%	7,04%	7,72%	8,78%
2008-2017	2,98%	4,64%	3,31%	4,44%	3,88%	1,01%	4,44%	5,58%	5,52%
1978-1997	10,51%	9,83%	9,69%	9,43%	12,65%	14,31%	16,41%	17,36%	19,58%
1998-2017	3,27%	4,94%	2,96%	4,28%	5,69%	4,58%	5,73%	6,64%	7,13%
1978-2017	6,83%	7,36%	6,27%	6,83%	9,11%	9,34%	10,94%	11,87%	13,19%

Las combinaciones de menor riesgo (las cuatro primeras) tuvieron rentabilidades aceptables en todos los períodos. Sin embargo, en cada período de diez años las combinaciones de riesgo también dieron rentabilidades positivas y, en general, más elevadas que las de menor riesgo. En un período más amplio, como el que va de enero de 1998 a diciembre de 2017, las combinaciones de mayor riesgo relativo fueron el doble de rentables que las de menor riesgo.

Una diferencia del 3% anual puede no parecer mucho en un año pero supone una diferencia acumulada compuesta del 80% al cabo de 20 años.

Vale la pena que el lector compare la tabla anterior con las dos tablas que aparecen en las páginas siguientes, que recogen las rentabilidades anuales de los activos y de las combinaciones. En cuanto a las combinaciones, observará un claro contraste en la variabilidad de los resultados si compara por años respecto a si lo hace por décadas.

¿Qué ocurre si tenemos un horizonte temporal de tres años en vez de diez? En la tabla siguiente se indica la rentabilidad anual por períodos de tres años de diversas combinaciones con riesgo, pues incluyen bolsa. Además incorporan oro, activos monetarios a un año, obligaciones y franco suizo (CHF).

En las cuatro primeras combinaciones, en la sexta y en la séptima, la bolsa pondera la mitad. En la quinta pondera la tercera parte y en la última, dos quintas partes. Vemos que la mayoría de las combinaciones solo dieron resultado negativo en el trienio de 2000 a 2002.

Período	IGBM Oro	IGBM Interés 1 a.	IGBM Obligaciones	IGBM CHF	IGBM, Oro Bonos	IGBM, DOW Oblig, Oro	IGBM, DOW Oblig, CHF	IGBM, DOW Oblig, Oro, CHF
1979-1981	29,61%	10,62%	8,81%	11,20%	23,15%	22,07%	12,41%	20,07%
1982-1984	17,96%	15,68%	18,63%	16,39%	16,28%	23,70%	23,06%	21,07%
1985-1987	26,06%	30,24%	32,91%	31,60%	21,37%	17,50%	20,22%	16,24%
1988-1990	-4,18%	6,52%	5,31%	1,66%	0,16%	2,45%	5,37%	2,11%
1991-1993	16,26%	14,67%	17,68%	15,61%	16,31%	20,50%	20,04%	19,04%
1994-1996	4,66%	10,85%	12,29%	9,00%	6,22%	9,56%	11,76%	8,43%
1997-1999	17,59%	18,72%	20,53%	18,36%	13,54%	19,27%	19,70%	15,98%
2000-2002	-3,99%	-4,54%	-3,14%	-3,64%	-1,04%	-2,85%	-2,69%	-1,28%
2003-2005	18,46%	14,10%	15,82%	12,22%	13,56%	12,26%	9,12%	9,46%
2006-2008	6,83%	1,87%	1,84%	2,23%	5,74%	1,96%	-0,40%	2,32%
2009-2011	12,78%	1,24%	0,76%	4,59%	9,44%	10,90%	6,77%	10,28%
2012-2014	4,54%	7,17%	12,28%	6,67%	4,99%	9,73%	10,76%	7,88%
2015-2017	3,10%	1,49%	2,25%	2,11%	2,46%	5,56%	5,05%	4,71%

Si consideramos períodos de cinco años, encontramos que en la mayoría de las combinaciones todos los períodos dieron rentabilidades positivas. Si invertimos con un horizonte de cinco años, las combinaciones que incorporan activos de riesgo resultan tan seguras como los activos sin riesgo.

Período	IGBM Oro	IGBM Interés 1 a.	IGBM Obligaciones	IGBM CHF	IGBM, Oro Bonos	IGBM, DOW Oblig, Oro	IGBM, DOW Oblig, CHF	IGBM, DOW Oblig, Oro, CHF
1978-1982	21,18%	6,34%	6,15%	7,68%	17,76%	18,62%	11,56%	17,46%
1983-1987	23,14%	28,10%	31,71%	28,15%	19,65%	19,59%	22,07%	17,51%
1988-1992	-1,72%	6,50%	5,99%	3,00%	2,23%	5,51%	7,87%	5,09%
1993-1997	15,33%	17,70%	20,91%	17,96%	14,23%	18,50%	19,77%	16,52%
1998-2002	4,05%	3,14%	4,40%	3,33%	4,35%	4,73%	4,40%	4,54%
2003-2007	18,66%	13,65%	14,27%	11,69%	13,38%	11,35%	7,85%	8,75%
2008-2012	5,30%	-2,51%	-2,22%	0,26%	4,79%	4,69%	2,14%	5,26%
2013-2017	3,64%	4,66%	7,83%	4,86%	3,59%	8,11%	8,69%	6,68%

Año	Interés 12 meses	Depósitos dólares	Depósitos fr. suizos	Obligaciones 10 años	Bonos 5 años	Bolsa España	Bolsa EEUU	Bolsa Alemania	Oro
1978	7,8%	-9,0%	7,8%	16,7%	10,5%	-5,2%	-12,0%	3,9%	11,9%
1979	8,9%	0,4%	-1,7%	-5,9%	2,3%	-10,3%	3,2%	-14,9%	108,3%
1980	9,3%	26,6%	10,6%	13,3%	11,3%	15,0%	43,9%	1,2%	55,3%
1981	9,6%	31,4%	25,9%	12,0%	13,9%	33,6%	17,3%	7,4%	-17,3%
1982	10,0%	35,2%	19,6%	9,5%	11,7%	-11,7%	60,5%	36,5%	44,0%
1983	10,2%	29,9%	16,7%	14,9%	11,1%	28,9%	55,4%	51,1%	6,1%
1984	10,3%	16,6%	-3,9%	26,0%	16,0%	50,9%	10,8%	0,9%	-10,3%
1985	9,2%	-5,5%	13,5%	19,5%	20,7%	41,6%	17,2%	88,3%	-5,6%
1986	7,8%	-9,4%	12,5%	3,0%	18,6%	114,4%	8,2%	13,8%	2,6%
1987	6,9%	-13,9%	6,9%	14,9%	-3,6%	11,8%	-13,3%	-29,8%	2,5%
1988	9,4%	8,9%	-9,5%	1,9%	13,1%	23,9%	19,9%	22,2%	-12,2%
1989	10,4%	2,5%	-1,8%	15,6%	4,6%	10,6%	26,4%	36,3%	-5,5%
1990	10,5%	-6,7%	10,7%	5,9%	7,5%	-23,0%	-12,8%	-21,9%	-14,9%
1991	11,6%	4,3%	0,1%	20,1%	18,4%	14,0%	23,0%	10,4%	-8,7%
1992	9,6%	21,1%	14,9%	4,3%	5,8%	-8,6%	26,5%	8,4%	11,7%
1993	11,0%	27,0%	25,0%	29,5%	23,2%	55,0%	44,6%	69,2%	46,5%
1994	6,2%	-5,5%	7,0%	-4,7%	-0,5%	-9,7%	-3,7%	-4,3%	-9,8%
1995	7,6%	-3,1%	6,7%	13,1%	10,9%	15,0%	25,2%	6,5%	-6,9%
1996	7,0%	10,3%	-5,3%	25,5%	18,0%	42,1%	37,1%	27,1%	2,1%
1997	4,6%	20,9%	7,2%	11,8%	7,8%	44,7%	46,0%	46,5%	-8,7%
1998	3,5%	-3,5%	0,9%	13,2%	8,5%	39,0%	9,4%	18,8%	-6,5%
1999	2,3%	20,4%	0,5%	-2,5%	0,0%	19,0%	48,7%	38,9%	18,0%
2000	3,1%	11,9%	7,6%	5,1%	3,8%	-10,9%	2,6%	-7,7%	1,4%
2001	3,7%	8,8%	4,3%	5,4%	6,5%	-4,2%	-0,5%	-20,0%	7,1%
2002	2,5%	-14,5%	2,8%	7,0%	4,1%	-21,0%	-28,8%	-44,1%	4,2%
2003	2,3%	-16,1%	-6,8%	4,3%	4,0%	31,9%	5,7%	36,3%	1,1%
2004	1,9%	-6,4%	1,6%	8,6%	4,8%	22,2%	-2,7%	6,9%	-3,2%
2005	1,7%	17,3%	-0,2%	3,3%	1,8%	24,7%	17,0%	26,4%	36,0%
2006	2,2%	-7,5%	-2,2%	0,5%	0,6%	39,3%	6,0%	21,4%	11,0%
2007	3,0%	-7,3%	-1,0%	0,7%	1,9%	8,4%	-3,1%	21,7%	17,7%
2008	3,3%	8,3%	11,4%	6,1%	4,9%	-37,7%	-28,0%	-40,8%	10,0%
2009	1,2%	-2,2%	1,1%	1,4%	4,5%	31,8%	17,2%	22,8%	20,8%
2010	0,7%	8,4%	19,0%	-5,1%	-2,6%	-15,6%	22,1%	15,3%	40,8%
2011	2,4%	4,0%	3,1%	5,6%	5,5%	-9,9%	11,6%	-15,2%	11,7%
2012	1,7%	-1,6%	0,7%	4,3%	3,5%	3,2%	7,1%	28,1%	6,2%
2013	2,1%	-3,9%	-1,5%	13,6%	7,2%	28,3%	23,0%	24,7%	-30,8%
2014	0,6%	13,9%	2,1%	17,6%	6,7%	7,9%	24,2%	2,1%	13,1%
2015	0,3%	11,6%	10,5%	3,4%	1,3%	-4,0%	10,9%	9,0%	-1,7%
2016	0,0%	3,8%	1,6%	-0,4%	1,3%	1,7%	19,2%	6,2%	11,4%
2017	0,0%	-10,2%	-8,4%	1,8%	0,7%	11,2%	13,0%	11,9%	0,5%

Rentabilidades expresadas en moneda española (peseta hasta 1998, euro a partir de 1999). Se ha considerado un impuesto del 20% sobre los intereses, los dividendos y las plusvalías de bonos y obligaciones.

Año	Interés 1 a. Oblig. 10 a.	Int. 1 a, Oro Oblig. 10 a.	Int. 1 a, CHF Oblig. 10 a.	Int. 1 a, CHF Oblig., Oro	Int. 1a, Obl. Oro, IGBM	IGBM Interés 1 a.	Interés 1 a. IGBM, DOW	Oblig. 10 a. IGBM, DOW	IGBM DOW
1978	12,28%	12,16%	10,77%	11,06%	7,83%	1,33%	-3,12%	-0,16%	-8,6%
1979	1,47%	37,08%	0,41%	27,38%	25,24%	-0,71%	0,59%	-4,34%	-3,6%
1980	11,31%	25,96%	11,06%	22,11%	23,21%	12,13%	22,72%	24,06%	29,4%
1981	10,78%	1,41%	15,80%	7,52%	9,45%	21,58%	20,17%	20,97%	25,5%
1982	9,75%	21,15%	13,03%	20,76%	12,93%	-0,87%	19,57%	19,41%	24,4%
1983	12,58%	10,41%	13,96%	11,99%	15,04%	19,58%	31,53%	33,10%	42,2%
1984	18,12%	8,64%	10,78%	5,51%	19,21%	30,58%	23,98%	29,22%	30,8%
1985	14,37%	7,71%	14,09%	9,17%	16,18%	25,39%	22,65%	26,09%	29,4%
1986	5,43%	4,50%	7,78%	6,49%	31,97%	61,10%	43,48%	41,88%	61,3%
1987	10,90%	8,09%	9,55%	7,78%	9,01%	9,36%	1,80%	4,43%	-0,8%
1988	5,64%	-0,31%	0,59%	-2,61%	5,75%	16,64%	17,72%	15,24%	21,9%
1989	13,00%	6,83%	8,05%	4,66%	7,77%	10,52%	15,80%	17,52%	18,5%
1990	8,18%	0,47%	9,03%	3,04%	-5,39%	-6,25%	-8,44%	-9,98%	-17,9%
1991	15,86%	7,66%	10,59%	5,76%	9,25%	12,82%	16,20%	19,02%	18,5%
1992	6,98%	8,57%	9,60%	10,14%	4,27%	0,50%	9,16%	7,39%	8,9%
1993	20,24%	28,99%	21,83%	27,99%	35,50%	33,00%	36,87%	43,06%	49,8%
1994	0,76%	-2,76%	2,84%	-0,31%	-4,50%	-1,74%	-2,40%	-6,06%	-6,7%
1995	10,31%	4,56%	9,10%	5,09%	7,18%	11,28%	15,94%	17,78%	20,1%
1996	16,26%	11,52%	9,09%	7,33%	19,18%	24,58%	28,75%	34,90%	39,6%
1997	8,22%	2,59%	7,87%	3,74%	13,13%	24,69%	31,78%	34,17%	45,3%
1998	8,35%	3,40%	5,87%	2,78%	12,30%	21,26%	17,29%	20,51%	24,2%
1999	-0,08%	5,94%	0,10%	4,57%	9,21%	10,66%	23,33%	21,74%	33,8%
2000	4,08%	3,19%	5,26%	4,30%	-0,32%	-3,90%	-1,74%	-1,06%	-4,1%
2001	4,55%	5,39%	4,48%	5,13%	3,00%	-0,26%	-0,34%	0,25%	-2,3%
2002	4,75%	4,56%	4,09%	4,11%	-1,83%	-9,24%	-15,75%	-14,27%	-24,9%
2003	3,27%	2,54%	-0,08%	0,21%	9,87%	17,08%	13,30%	13,95%	18,8%
2004	5,27%	2,44%	4,03%	2,23%	7,38%	12,05%	7,15%	9,38%	9,8%
2005	2,53%	13,68%	1,61%	10,20%	16,44%	13,23%	14,47%	15,01%	20,8%
2006	1,33%	4,55%	0,16%	2,87%	13,24%	20,73%	15,81%	15,26%	22,6%
2007	1,88%	7,16%	0,92%	5,12%	7,48%	5,73%	2,80%	2,04%	2,7%
2008	4,70%	6,46%	6,94%	7,70%	-4,57%	-17,19%	-20,79%	-19,85%	-32,8%
2009	1,26%	7,77%	1,20%	6,10%	13,78%	16,48%	16,73%	16,79%	24,5%
2010	-2,19%	12,14%	4,87%	13,85%	5,21%	-7,44%	2,40%	0,48%	3,3%
2011	4,01%	6,56%	3,71%	5,70%	2,44%	-3,76%	1,36%	2,42%	0,8%
2012	3,03%	4,09%	2,23%	3,23%	3,88%	2,48%	4,02%	4,89%	5,2%
2013	7,88%	-5,02%	4,76%	-4,13%	3,32%	15,23%	17,82%	21,66%	25,7%
2014	9,10%	10,42%	6,76%	8,33%	9,78%	4,23%	10,89%	16,57%	16,0%
2015	1,83%	0,66%	4,73%	3,12%	-0,52%	-1,87%	2,40%	3,42%	3,5%
2016	-0,19%	3,69%	0,41%	3,17%	3,20%	0,87%	6,97%	6,84%	10,5%
2017	0,92%	0,78%	-2,18%	-1,51%	3,39%	5,61%	8,07%	8,68%	12,1%

Rentabilidades expresadas en moneda española (peseta hasta 1998, euro a partir de 1999). Se ha considerado un impuesto del 20% sobre los intereses, los dividendos y las plusvalías de bonos y obligaciones.

Sobre el autor

Soy economista e inversor. En mi blog www.invesgrama.com analizo estrategias de inversión y hago un seguimiento de los criterios de selección de acciones que explico en mi libro *Invertir Low Cost*. He creado el Invesgrama-60, el primer índice de bolsa basado en la calidad de las empresas. En abril de 2016 lancé mi proyecto de fondo de inversión, el Invesgrama Fund Project, cuya composición y rentabilidad puede seguirse en mi blog. Colaboro con diversos medios, como Sintetia, InBestia, Investing.com y Rankia.

Para cualquier comentario sobre el contenido de esta monografía, contactar con el autor a través de la siguiente dirección:

invesgrama@invesgrama.com

Otras obras

- *Un náufrago en la bolsa*, Ediciones Urano, colección Empresa Activa, 2005.
- *La máquina de hacer dinero. Quiénes y cómo crean las crisis económicas* (cómic), Ediciones B, 2011.
- *Invertir low cost: Nueve grandes estrategias de inversión en acciones para pequeños capitales,* Ediciones Urano, colección Empresa Activa, 2014.
- *Juicio al Euro*, 2014. Esta obra puede descargarse gratuitamente desde www.invesgrama.com.
- *El inversor afortunado: Cómo tener suerte en las inversiones,* Ediciones Urano, colección Empresa Activa, 2016.
- *Caos en la Bolsa*, Kindle Amazon, 2015 & Createspace, 2016.
- *Todo sobre los dividendos (Monografías Invesgrama, n°1)*, Createspace, 2017.
- *Mercados bajistas (Monografías Invesgrama, n°2)*, Createspace, 2017.

www.ingramcontent.com/pod-product-compliance
Lightning Source LLC
Chambersburg PA
CBHW071606220526
45469CB00003B/1132